7일 마스터

주식 차트

이해가 잘되고 재미있는 책!

주식공부.com 대표 가지타 요헤이 지음 · 이정미 옮김

지상사 Jisangsa

주식 공부를 시작하자

XX출판사 편집부…

아~! 드디어 점심시간이다! 오늘도 아들이랑 남편 도시락 싸느라 6시에 일어났더니 피곤하네.
아, 오카와 씨! 시간 돼?

네, 마리코 선배!

○○에서 같이 점심 먹을까? 내가 낼게

좋죠! 그런데 갑자기 웬일이에요?

주주우대로 식사 쿠폰을 받았어. 가끔은 후배한테 밥도 사야지~

냠냠… 맛있다!! 그건 그렇고 마리코 선배, 주식을 하고 있었군요. 멋있어요 ! 역시 스마트폰 앱으로 하는 건가요?

아니… 나는 그런 건 잘 모르고, 식사 쿠폰이나 화장품을 주는 회사의 주식을 사서 주주우대를 받고 있어. 돈이 벌리고 있는지는 솔직히 잘 몰라(한국, 주주우대 시행 안함)

그렇군요. 저도 주식에 관심이 있어요. 매달 돈이 빠듯하니까 주식으로 돈을 벌 수 있으면 정말 좋을 것 같아서요. 하룻밤에 천만 원을 벌었다는 이야기도 들어 봤어요.

그건 경기가 좋을 때 이야기지. 나는 타고나기를 숫자나 경제에는 약해서 그렇게는 못할 것 같아…

주식이나 돈 이야기는 너무 어려워서 멀게 느껴지죠.

사실 '주식 완전 정복' 같은 책을 몇 번 사서 읽어 봤는데, 이해를 못했어.

맞다! 그러면 우리가 세상에서 제일 쉬운 주식 매매 책을 만들어 보면 어떨까요? 우리는 편집자잖아요!

흠…?

일하면서 주식도 배울 수 있으니 일석이조잖아요!

그런 속셈이구나.

~다음 날~

어딘가의
투자 세미나

안녕하세요. 찾아주셔서 감사합니다. 투자 공부에 대한 조언을 제공하고, 세미나 강사 등으로 일하고 있는 가지타입니다.

잘 부탁드립니다. 저희는 완전히 초보여서 부끄럽지만… 열심히 할게요.

두 분은 주식을 한 번도 해 보신 적이 없나요?

사실 저는 주식을 하고 있어요. 하지만 투자보다는 주주우대를 받기 위해서예요. 식사나 쌀 쿠폰을 받는 경우가 많아요. 초등학생 아들이 먹성이 좋아서 쿠폰이 요긴해요.

그렇군요. 요즘은 주주우대를 노리고 주식을 보유하는 사람들도 늘고 있죠.

저는 주식을 전혀 하지 않고 있지만, 그래도 주식으로 대박을 내고 싶은 마음은 누구보다 큽니다!

'좋은 책을 만들고 싶은 마음'이 아니라??

주식은 정말로 돈이 될까?

■ 마리코의 경우

 마리코 씨는 주주우대를 기준으로 주식을 선택하는 것 같은데, 구입 타이밍은 어떻게 결정하나요?

그러고 보니 주식을 사는 시기에 대해서 특별히 생각해 본 적이 없어요. 그저 우대를 받을 수 있으면 좋은 것 같아요. 사고 싶다는 생각이 든 순간 샀어요.

 우대가 목적인 분들은 그렇게 하는 경우도 많지만, 사실은 상당히 위험한 사고방식입니다.
주가가 떨어지면 자기 돈으로 식사할 때보다 훨씬 손해를 보고 식사 쿠폰을 받게 될 수도 있어요.

마리코 씨는 어떻게 하면 돈을 벌 수 있을까

요즘에는 주주우대를 목적으로 주식을 보유하는 사람이 늘고 있다. 주주우대는 주식투자 특유의 제도이므로 활용하는 것 자체는 아주 좋다.

다만 아무 생각 없이 주식을 샀다가 원금이 줄어들어서 우대보다도 더 손해를 보는 사람도 적지 않다.

주식을 살 타이밍을 고르는 기술을 익히면 우대뿐만이 아니라 시세차익도 동시에 노릴 수 있다. 자산도 늘리고 주주우대도 받는 두 가지 기쁨을 얻을 수 있는 것이다.

주식을 살 타이밍을 공부하면 우대뿐만이 아니라 주식 자체로도 돈을 벌 수 있군요. 최고네요!

■ 오카와의 경우

저는 주식투자로 돈을 엄청나게 벌어서 부자가 되고 싶어요. 평소에 운이 좋은 편이어서 자신 있습니다.

자신감이 멋지네요. 하지만 운은 주식과 관계가 없습니다. 주식으로 돈을 벌기 위해서는 운이 아니라 '지식'과 '기술'이 필요해요.

이런 이야기는 좀 그렇지만, 저는 학력이 높지 않아서…

주식에서는 학력이 아니라 '역학관계를 읽어내는' 능력이 중요합니다.
그리고 이 '역학관계를 읽어내는' 공부를 '차트 분석'이라고 하지요. 이건 누구나 할 수 있는 공부예요.

오카와는 어떻게 하면 돈을 벌 수 있을까

　주식은 도박이 아니다. 주가는 사고자 하는 사람들의 힘이 강하면 상승하고, 팔고자 하는 사람들의 힘이 강하면 하락한다. 사려는 힘과 팔려는 힘의 역학관계를 '수요'라고 하며, 수요와 공급을 파악하면 주식으로 돈을 벌 수 있다. 수요와 공급을 파악하는 데에 필요한 것이 '차트 분석' 공부다.

차트 분석……!

두 분의 이야기를 듣고 어떤 상황인지 이해했습니다. 두 분에게는 차트 분석을 이용한 스윙트레이드가 적절한 투자 방법이라고 생각합니다.
물론 이 책에서 확실히 설명하겠습니다!

들어가며

이 책을 선택해 주셔서 감사합니다.

이 책은 '이제부터 공부해서 주식투자로 돈을 벌자!'라는 방향으로 차트 및 테크니컬 지표를 보는 법과 활용하는 법을 안내합니다. 앞으로 주식투자에서 '기초 체력'이 될 지식을 소개할 것입니다. 7일에 걸쳐 다음과 같은 내용을 배울 수 있습니다.

- 주식으로 돈을 벌기 위해 반드시 알아둬야 할 사고방식
- 차트를 보는 법, 실전에서 활용하는 법
- 테크니컬 지표를 보는 법, 실전에서 활용하는 법
- 알아둬야 할 차트의 패턴
- 주문 방법, 살 타이밍과 팔 타이밍을 포착하는 법
- 그 외에 남들을 한발 앞서는 비결

공부 그 자체가 목적이 되면 의미가 없으므로, 어려워서 이해하기 힘든 내용은 빼고 실제로 투자할 때 활용할 수 있는 지식만 골라 담았습니다.

이제 갓 시작하는 초보자도 실전에 유용한 지식을 쉽게 이해할 수 있도록, 차트와 그림을 곁들여서 정성껏 책을 만들었습니다. 독자 여러분이 이 책의 내용을 확실히 이해하고 주식투자로 돈을 버는 행복을 실현할 수 있다면 기쁠 것입니다.

그러면 7일간의 수업을 시작하겠습니다!

주식공부.com 대표 가지타 요헤이

차례

들어가며 8

0일째

초보자일수록 주식은 '차트'부터 시작하자

0-01 '주식투자 스타일'이란? 16

0-02 애초에 '차트'란 무엇일까? 19

0-03 주식투자를 위해 돈을 얼마나 준비해야 할까? 22

0-04 어렵지만 중요한 '손절' 27

0-05 '거래량'과 '거래대금'의 관계 30

0-06 거래대금의 규모가 큰 종목을 선택해서 거래하자 32

0-07 차트 분석을 시작하자! 34

1일째

차트는 이렇게 이루어져 있다!

1-01 봉이 무엇을 나타내는지 이해하자 40

1-02 하나의 봉에서도 변화의 조짐을 포착할 수 있다...........................46

1-03 '트렌드'란 무엇일까 53

1-04 트렌드 라인을 그려서 트렌드를 파악한다 56

1-05 가장 먼저 기억해 둘 유명한 지표 '이동평균선' 61

1-06 골든크로스와 데드크로스를 생각하자 65

차례

1-07 '이동평균선'의 약점 70

1-08 매매 타이밍의 기본형! '그랜빌의 법칙' 74

2일째

차트 패턴으로 '앞날을 읽는 능력'을 기른다!

2-01 차트 패턴은 '앞날을 읽는 능력'의 양분 78

2-02 이 신호가 나타나면 주식을 놓아주자!
헤드앤숄더 80

2-03 바닥을 치고 반등 시작!?
역헤드앤숄더 83

2-04 주가의 바닥과 천장에서 나타난다!
더블탑과 더블바텀 86

2-05 발견했다면 매수할 준비! 삼각수렴 88

2-06 2패턴 전략으로 활용한다! '박스권' 92

2-07 전설의 투자자도 사랑한 차트 패턴!
'컵위드핸들' 95

2-08 차트에 갑자기 나타나는 빈 공간, '갭'을 공부하자 99

3일째

지표에서 '타이밍'이 보인다!

3-01 테크니컬 지표를 공부하자 104

3-02 세 가지 관계로 '지금'을 읽어낸다! '일목균형표' 105

3-03 가짜 신호가 적은 훌륭한 지표!
'MACD(맥디)' 113

3-04 '오실레이터 계열' 테크니컬 지표란? 116

3-05 '더 오를지' 알고 싶다면 'RSI'를 활용하자! 119

3-06 종목에 맞춰 활용해서 성공률을 높인다!
'이격도' 122

3-07 발견했다면 기회!?
'다이버전스'란? 124

3-08 거래량의 확인은 필수!
'거래량 이동평균선'을 공부하자 126

3-09 역시계곡선으로 보는 거래량과 주가의 밀월관계!? 131

4 일째

투자자를 도와주는 편리한 주문 방법

4-01 바쁜 사람들을 도와주는 편리한 주문 방법 136

4-02 '어쨌든 팔고 싶을(사고 싶을)' 때는
'시장가 주문' 137

4-03 '이 가격이어야만 해!'라고 생각한다면
'지정가 주문' 139

4-04 '~일 때' '~하면'으로 지정하고 싶다면
'역지정가 주문' 141

4-05 가격 변동에 맞춰 역지정가를 변경!
'트레일링 스탑 주문' 144

4-06 그 외의 다양한 주문 방법 146

차례

5일째

실전! 유리한 '매수' 신호는 여기!

5-01 '싸게 사서 비싸게 팔기'를 노리지 않는다? 148

5-02 실전! 매수 패턴 ❶ 박스권을 뚫고 올라갈 때 산다! 151

5-03 실전! 매수 패턴 ❷ 갭이 메워진 후 산다! 153

5-04 실전! 매수 패턴 ❸ 신고가를 경신했을 때 산다! 154

5-05 실전! 매수 패턴 ❹
강력한 상승 트렌드의 눌림목에 산다! 157

5-06 실전! 매수 패턴 ❺ 삼각수렴을 벗어나 올라갈 때 산다! 159

5-07 실전! 매수 패턴 ❻
고가→가짜 하락→다시 고가에서 산다! 161

5-08 실전! 매수 패턴 ❼
낮게 움직이던 종목의 거래량이 늘어나면 산다! 163

5-09 실전! 매수 패턴 ❽
고가를 뚫고 올라가는 컵위드핸들에서 산다! 165

5-10 실전! 매수 패턴 ❾
매도 정점에서 트렌드를 거슬러 산다! 167

6일째

실전! 돈이 벌리는 '매도' 신호는 여기!

6-01 결국 주식은 '언제 팔까?'가 중요 170

6-02 팔 때의 3가지 이유 172

6-03 실전! 매도 패턴 ❶ 심리적 저항선이 되면 판다! 176

6-04 　실전! 매도 패턴 ②

차트 패턴에서 목표 주가를 산출해 판다! 179

6-05 　실전! 매도 패턴 ③

'멀리 올라가거'나 '뚫고 내려가면' 판다! 181

6-06 　실전! 매도 패턴 ④

트렌드를 거슬러 매수한 가격에서 원래대로 돌아가면 판다! 185

7 일째

주식으로 실패하지 않기 위해…

7-01 　실제로 거래를 시작할 때 필요한 점을 배우자 188

7-02 　시장 전체의 규모도 확인하자 189

7-03 　너무 급격해도 너무 완만해도 안 된다!

'딱 좋은 주가 변동' 종목으로 승부하자 191

7-04 　종목 선택이 고민될 때는… 194

7-05 　결산 전의 거래는 가능한 한 피하자 200

7-06 　일정 기간 동안의 손실과 거래 횟수를 제한하자 202

7-07 　최근 시장이 과열되었는지 확인!

'등락률'을 살펴보자 203

7-08 　사면 살수록 불어나는 손실!? '물타기'는 어렵다 204

7-09 　주식시장의 '숲'과 '나무', 개인투자자의 이점 206

7-10 　현금 포지션을 기본으로 포지션병을 피한다 209

7-11 　투자 전이야말로 냉철한 판단이 이루어진다ᆢ.................... 211

7-12 　좋은 시작을 위한 자금 계획의 비결 212

부록(한국과 내용이 다른 점) 217

마치며... 220

등장인물

이 책에서는 초보인 마리코, 오카와와 함께
7일간의 커리큘럼으로 차트를 배운다.

가지타 선생님
마리코와 오카와에게 차트를 가르치는
투자 선생님.
꼼꼼하고 알기 쉬운 설명이 특기.

마리코(37)
제1편집부 주임. 남편과 아들이 있다. 느긋한
성격이지만 다소 소심하다.

오카와(23)
입사 1년 차 편집자. 귀가 얇
고 밝은 성격.

이 책의 주요 대상

- 이제부터 주식투자를 시작하려는 초보자 분
- 이미 주식에 투자하고 있지만 만족스러운 결과를 얻지 못한 분
- 기초에서 응용까지 실전에서 활용할 수 있는 지식만 확실히 배우고 싶은 분
- 회사원이나 주부 등 투자에 모든 시간을 쏟을 수 없는 분
- 살 타이밍과 팔 타이밍을 배우고 싶은 분
- 주식투자에서 제대로 수익을 올리고 싶은 의욕이 있는 분

0 일째

초보자일수록
주식은 '차트'부터
시작하자

이 책은 '차트 분석'을 활용하는 주식 매매를 가르칩니다.
어렵게 들릴 수도 있지만 기초부터 확실하게 배우면 차트를
통해 '주식이란 무엇인가' '어떻게 하면 돈을 벌 수 있는가'가
보입니다.
여기서는 차트 분석을 시작하기 전에 필요한 최소한의 지식
을 설명하겠습니다.

'주식투자 스타일'이란?

선생님이 우리에게 권하신 '스윙트레이드'는 정확히 무엇인가요?

스윙트레이드란 주식투자로 돈을 버는 방법(투자 스타일)의 하나입니다. 주식투자에는 크게 데이트레이드, 스윙트레이드, 장기투자라는 세 가지 방법(투자 스타일)이 있어요.

'데이트레이드'와 '장기투자'는 말만 들어도 뜻을 상상할 수 있네요.

그러면 '스윙트레이드'를 포함해 세 가지 투자 스타일을 살펴보죠. 투자 스타일에 따라 필요한 공부 방법도 달라집니다.

■주식에는 세 가지 투자 스타일(돈을 버는 방법)이 있다

주식투자에는 다음과 같은 3가지 투자 스타일이 있다.

- 데이트레이드
- 스윙트레이드
- 장기투자

각각의 투자 스타일마다 필요한 공부 방법이 다르다.

처음에 투자 스타일을 결정하지 않으면 돈을 벌기까지 먼 길을 돌아가게 된다. 또 시도해 보고 싶은 투자 스타일이라도 자신에게 맞지 않으면 돈이 잘 벌리지 않는다. 우선 투자 스타일을 살펴보자.

투자 스타일 ① 데이트레이드

데이트레이드는 주식을 사고파는 흐름을 하루 안에 끝내는 투자 스타일이다. 결코 다음날까지 주식을 보유하지 않는다. 순간의 타이밍을 계산해서 매매를 판단하므로, 기회를 놓치지 않기 위해 시장을 살피면서 거래할 필요가 있다. 단기간에 매매를 반복하며 수익을 늘려 나가면 하루 동안 큰 수익을 올릴 수도 있다.

필요한 공부

차트 분석 공부는 물론, 순간을 놓치지 않는 훈련을 거듭할 필요가 있다. 시장을 관찰하면서 공부하는 것이 이상적이므로, 자신의 생활을 고려해서 양립할 수 있을지 잘 생각해 보자.

승부사라는 느낌이 있어서 멋있어!
하지만 매일 주식을 붙잡고 있기는 어려울 것 같아……

투자 스타일 ② 스윙트레이드

며칠에서 몇 주 동안 주식을 보유하면서, 산 가격과 판 가격의 차이로 이익을 노리는 투자 스타일이다.

데이트레이드와 마찬가지로 타이밍의 포착이 중요하지만, 데이트레이드만큼 순간적인 판단이 많이 필요하지는 않다. 그러므로 회사원이나 주부라도 쉽게 실행할 수 있는 투자 스타일이라고 할 수 있다.

데이트레이드만큼은 아니지만 자금을 회전시키며 수익을 늘리므로, 비교적 단기간에 자산을 형성하는 일도 가능하다.

필요한 공부

이 책에서 소개할 차트 분석 공부가 중요하다. 평일 밤이나 주말을 활용해 공부하면 좋을 것이다.

스윙트레이드가 나왔네. 주말에 아들이 야구를 하러 가는 시간에 차트 분석을 공부하면서 도전하면 될 것 같아

기업의 결산이나 재무 내용, 성장성을 잘 조사한 후 주가와 비교한다. 기업 가치보다 주식이 저렴하다면 구입한 후 적정 주가까지 상승하기를 기다리는 전략이다.

'주가는 시간이 지나면 적정한 수준으로 돌아온다'라는 것이 기본적인 사고 방식이다. 구입한 후 몇 년, 길게는 10년 이상에 걸쳐 주가 상승을 기다리는 경우도 있다.

필요한 공부

재무제표를 보는 법 등을 공부할 필요가 있으며, 기업 정보지 등을 보고 투자를 판단해야 한다. 주말 등을 활용해 공부해야 할 것이다. 오랫동안 기다리는 참을성 도 필요하다.

■ 차트 분석이 승리의 열쇠!

세 가지 투자 스타일을 보니 선생님이 우리에게 스윙트레이드를 권한 이유를 알 것 같아요.

친구들과 자주 만나서 노느라, 데이트레이드를 할 만큼 주식에 시간을 많이 쏟을 수 없는 제게 딱이네요.

가끔은 일 생각도 좀 하지?

 일과 가정 때문에 바쁜 두 분에게는 자산을 효율적으로 늘릴 수 있는 스윙트레이드를 추천합니다.

스윙트레이드는 자산 형성에 알맞은 투자 스타일이며, 주부와 회사원에게 적합한 투자 스타일이라고 할 수 있다. 그리고 그 스윙트레이드에 필요한 것이 '차트 분석'이다. 이 책으로 차트 분석을 확실히 공부하자. 이 책에서는 스윙트레이드를 기준으로 차트 분석을 알기 쉽게 설명할 것이다.

애초에 '차트'란 무엇일까?

■ 차트 분석의 목적은 무엇일까?

 그러면 차트 분석에 대해 조금 더 자세히 설명하겠습니다. 말은 어렵게 느껴질지도 모르지만 사고방식은 아주 단순해요. 초보자도 도전하기 쉬운 투자 스타일입니다.

스윙트레이드에서 빼놓을 수 없는 '차트 분석'은 과거의 주가 변동 등을 보고 <u>앞으로의 주가 변동을 예측하는</u> 분석 방법이다. '테크니컬 분석'이라고도 한다.

미래의 주가 변동을 예측함으로써 앞으로 언제 사고 언제 팔지 전략을 세울 수 있다.

■ '차트'란 무엇일까?

저…… 이제 와서 물어보기 좀 그렇지만 '차트'라는 말 자체가 애초에 뭔지 모르겠어요…

 차트는 과거의 주가를 시간 순서대로 나열한 것입니다. 차트를 보면 그때까지 주가가 어떻게 움직여 왔는지 알 수 있으므로 앞으로 어떻게 움직일지도 알기 쉬워지지요.

마리코 씨는 초등학생 자녀분이 있다고 하셨죠. 요즘 자녀분의 성적은 어떤가요?

요즘 성적이 조금씩 떨어지기 시작해서… 정말 걱정이에요.

 지금까지의 시험 점수를 보는 일이 차트를 보는 일과 똑같다고 생각하세요.
요즘 시험 점수가 떨어지기 시작했다면 다음 시험 점수도 하락 경향일 것이라고 추측할 수 있지요. 항상 평균 점수 주변에서 왔다갔다한다면 다음 시험 점수도 평균 정도일 것이라고 추측할 수 있고요.

차트는 시험 점수를 보는 것과 같다

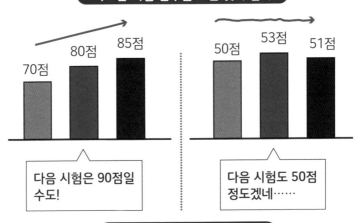

70점　80점　85점　　50점　53점　51점

다음 시험은 90점일 수도!

다음 시험도 50점 정도겠네……

**과거의 시험 점수로
미래의 점수를 예측할 수 있다!**

차트는 시험 점수의 나열과 똑같다! 그렇게 생각하니 이해하기 쉽네요!

우리 아들 점수는 하락 경향이야……

■ 실제로 주가 차트를 살펴보자

그러면 실제로 차트를 한번 보자. 아래의 그림은 주가 차트 중에서 가장 많이 사용되는 '봉차트'다.

이것이 봉차트!

봉차트에 대해서는 40페이지부터 자세히 설명하겠습니다.

봉차트를 읽는 법은 39페이지부터 시작되는 1일째 공부에서 자세히 설명하겠다. 그러나 이 차트를 처음 보는 사람이라도,

- 위를 향하고 있구나.
- 아래를 향하고 있구나.
- 제자리걸음하고 있구나.

이런 점을 직관적으로 읽어낼 수 있다. 그리고 이 과거의 주가 변동을 보고 미래의 주가 변동을 예측하는 것이 차트 분석의 기본적인 사고방식이다.

차트를 보고 '과거를 통해 다음을 분석'한다

그저 차트를 바라보며 '어쩐지 오를 것 같으니까 사자' '어쩐지 안 될 것 같으니까 팔자'라고 생각하는 일은 차트 분석이 아니다. 그저 도박이다.

차트 분석을 공부해서 '과거의 움직임이 이러저러했으니 산다(판다)'라는 논리적인 거래를 할 수 있도록 하자.

0-03 주식투자를 위해 돈을 얼마나 준비해야 할까?

두 분은 처음에 어느 정도의 자금으로 시작할 생각이신 가요?

저는 전 재산 200만 원을 모두 투자하겠습니다!

저는 남편 몰래 모아 둔 2,000만 원으로 시작할 거예요. 잘 풀려서 내 집 마련을 할 때 계약금으로 쓸 수 있으면 좋겠네요.

두 분 모두 자금을 어느 정도 사용할지 잘 생각해 보신 것 같네요.
주식투자는 여윳돈으로 한다는 것이 대전제입니다. 다만 가능하다면 1,000만 원 정도를 저금하고 나서 시작하기를 권합니다.

……

■ 스윙트레이드는 1,000만 원의 여유 자금으로 시작할 것

주식투자에 사용하는 돈은 여유 자금이어야 한다. 오카와처럼 전 재산을 투자하는 일은 좋지 않다.

또 특히 스윙트레이드의 경우는 다음과 같은 이유로 1,000만 원을 저금하고 나서 시작하기를 권장한다.

이유① 종목의 선택지가 늘어난다

주식투자에서는 기업 하나하나를 '종목'이라고 부른다.

각 종목을 구입하는 비용은 저마다 다르며, 하나의 종목을 구입하는 데에 필요한 금액은 다음과 같다.

- **주가(株價)×주수(株數)+매매 수수료**

종목에 따라 매매 단위가 정해져 있어서, 1주부터 살 수 있는 것도 있고 1,000주 단위로 사야 하는 것도 있다. 그러나 2018년 10월에는 모든 종목이 100주 단위가 되었다. (한국은 1주부터 매매 가능)

가령 어느 종목의 주가가 60,000원이고 매매 단위가 100주 단위라면 다음과 같다.

- **60,000×100+매매 수수료**

그러므로 이 경우에는 600만 원+매매 수수료가 한 단위를 구입하는 데에 필요한 금액이다. 종목의 선택지를 늘리기 위해서는 1,000만 원 정도의 자금이 있는 것이 좋다.

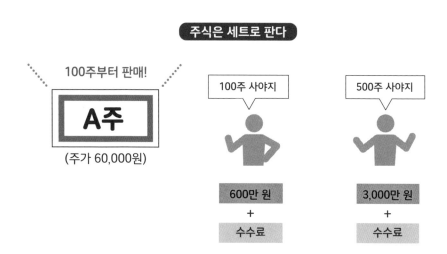

가장 위: **주식은 세트로 판다**

100주부터 판매!
A주
(주가 60,000원)

100주 사야지 → 600만 원 + 수수료

500주 사야지 → 3,000만 원 + 수수료

이유② 공부를 위한 비용과 노력에도 돈이 든다

공부에 드는 비용도 생각할 필요가 있다.

스윙트레이드에서는 성공 가능성을 높이기 위한 차트 분석 등의 공부가 필요한데, 이 공부를 위한 책의 구입 등에 몇만 원에서 몇십만 원 정도의 돈이 든다.

가령 30만 원을 들여 공부하고 300만 원을 투자했다면, 수익률이 10%라도 최종적인 이익은 0이 된다.

모처럼 주식에 투자할 것이라면 공부에 든 비용을 회수해야 의미가 있을 것이다. '공부할 시간에 아르바이트를 했다면 돈을 훨씬 더 많이 벌었을 것이다'라는 사태는 피해야 한다.

시작 자금이 적으면 당연히 벌 수 있는 돈도 적어진다. 공부하는 데에 드는 비용까지 생각해서 전체적으로 이익인 상황을 만들기 위해서는 처음부터 어느 정도 큰돈을 투자하는 것이 효율적이라고 할 수 있다.

또 투자 자금을 어느 정도 들인다는 전제로 시작하면 공부에도 더 열의가 생길 것이다.

이런 이유로 주식투자를 할 때는 처음에 여유 자금으로 1,000만 원을 준비하고 나서 시작하기를 권한다.

전 재산이 200만 원뿐인 저는 그냥 집에 가야 할까요……

아닙니다.
스윙트레이드로 돈을 벌기 위해서는 차트 공부가 필수입니다.
1,000만 원을 모은 단계에서 매끄럽게 투자를 시작하기 위해서는 돈을 모으면서 우선 공부만이라도 시작하는 것이 좋아요.

그렇다면 우선 공부를 열심히 할게요!

좋은 자세입니다!
그러면 차트 공부를 위해 우선 증권사에 계좌를 개설하죠.

저는 당장 거래를 시작할 자금이 없는데, 그래도 계좌를 개설하는 건가요?

저는 자금은 있지만, 거래를 시작하는 건 공부를 하고 자신감이 붙은 다음으로 미루고 싶어요……

 그렇습니다.
실제 거래는 나중에 하게 되겠지만, 우선은 계좌만 먼저 개설해 두는 거예요. 증권사에 계좌가 있으면 그 회사의 차트 툴을 이용할 수 있기 때문입니다.

■ 인터넷으로 증권 계좌를 개설하자

주식투자를 위해서는 증권사에 계좌를 개설할 필요가 있다. 곧바로 거래할 수 없는 상황이라도 우선 계좌를 개설해 두자. 계좌가 있으면 그 증권사의 차트 툴을 사용할 수 있다. 제대로 공부하기 위해서는 차트 툴이 필수다.

증권사의 종류

증권사는 크게 대면과 온라인이라는 두 종류로 나눌 수 있다. 대면 증권은 영업 사원의 조언을 들으며 대규모로 자산을 운용하는 사람에게 알맞다. 이미 자산이 형성된 사람에게 더 적합하다고 할 수 있다.

한편 **온라인 증권은 수수료가 저렴한 것이 특징**이다.

주주우대가 목표이기 때문에 이미 구입하고 싶은 주식이 정해져 있는 경우 또는 이 책에서 소개하는 것과 같이 단기간의 수익을 노리고 투자하는 경우는 온라인 증권을 추천한다.

온라인 증권 계좌 개설하기

온라인 증권의 계좌 개설은 어떤 순서로 이루어지는지 알아보자.

- 온라인 증권사 웹사이트에 접속한다
  마쓰이증권, 라쿠텐증권, SBI증권, GMO클릭증권 등
  ↓
- 계좌 개설을 신청하는 곳을 클릭한다
  ↓
- 필요한 사항을 화면에 기입하고 계좌 개설을 신청한다
  이름, 주소, 이메일 주소 등
  ↓
- 며칠 후 증권사에서 우편으로 서류를 보낸다
  ↓
- 본인 확인 서류(신분증 사본 등)를 첨부해 반송한다
  ↓
- 증권사에서 계좌 개설을 완료했다는 편지가 온다

이것이 대다수의 인터넷 증권사에서 계좌를 개설하는 방법이다.

계좌 개설을 완료했다는 편지에 계좌번호와 비밀번호가 적혀 있으므로, 증권사 웹사이트에 접속해서 로그인해 보자.

추천하실 증권사가 있나요?

 사람마다 느끼는 편의성이 다르기 때문에 우선 다양한 증권사에 계좌를 개설하기를 권합니다. 계좌 개설 자체는 어느 회사든 무료이니 웹사이트에 접속해 보고 사용하기 편한 곳을 고르는 것이 좋아요.

Column **이 책에서 사용할 차트**

이 책에서 차트 분석을 설명할 때는 마쓰이증권의 차트를 사용할 것이다. 마쓰이증권의 차트 툴은 초보자도 사용하기 쉽고 이해하기 쉬우므로 추천하는 바다. 구체적인 차트는 공식 사이트에서 확인할 수 있다. 그러나 이 책에서 설명하는 내용과 마쓰이증권은 전혀 관계가 없다. 이 책의 내용에 대해 마쓰이증권에 문의하는 일이 없도록 부탁드린다.

마쓰이증권 http://www.matsui.co.jp/

0-04 어렵지만 중요한 '손절'

■ '손실은 작게, 수익은 크게'를 항상 의식한다

스윙트레이드로 돈을 벌기 위해서는 '손실은 작게, 수익은 크게'라는 사고방식
이 중요하다. 매번 거래에서 손실은 줄이고 수익은 늘리도록 노력하며 항상 '손실<
수익'이라는 이미지를 잊지 않고 투자하면 최종적으로 이익이 남는다.

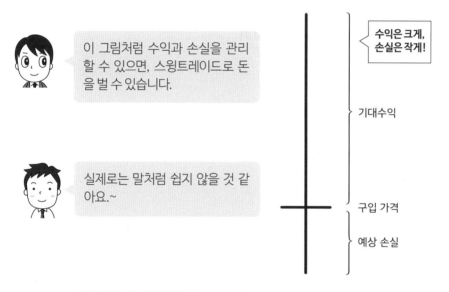

이 그림처럼 수익과 손실을 관리
할 수 있으면, 스윙트레이드로 돈
을 벌 수 있습니다.

수익은 크게,
손실은 작게!

기대수익

실제로는 말처럼 쉽지 않을 것 같
아요.~

구입 가격

예상 손실

그럼 좀더 구체적으로 '손실 < 이득'을 위한 생각을 알아봅
시다.

■ 최종 수익의 계산식

스윙트레이드의 최종 수익은 다음과 같은 계산식으로 결정된다.

● 성공률×수익－실패율×손실＝최종 수익

이 계산식 '성공률×수익 － 실패율×손실'의 답이 양의 값이면, 수익이 발생한다.

예를 들어 성공률이 60%라고 하자. 성공하면 50만 원 이익, 실패하면 50만 원 손해라고 할 때 이 식을 적용하면 다음과 같다.

- 0.6×50만 원-0.4×50만 원=10만 원

10만 원 이득인 상태다. 그러면 성공률이 50%이고 성공하면 50만 원 이익, 실패하면 30만 원 손해라면 어떨까?

- 0.5×50만 원-0.5×30만 원=10만 원

이 경우도 10만 원 이득인 상태다. 성공률과 실패율이 같아도(50%), 실패할 때의 손실이 적으면 수익이 발생한다.

성공률을 높이고, 손실액을 줄이기

'성공률×수익 – 실패율×손실'이 양의 값이기 위해서는 '성공률 높이기'와 '손실액 줄이기'가 중요하다.

이 두 가지를 위해서는 차트 분석으로 성공률과 수익률을 높이는 일과 함께, 손실액을 줄이기 위한 '손절'이 필요하다.

■ 손절(로스컷)이 중요!

손절은 '로스컷(loss cut)'이라고도 한다. 구입했을 때보다 가격이 하락한 경우 등에 손해가 발생한 주식을 팔아서, 이 이상 손실이 커지지 않도록 손실을 확정하는 일을 가리킨다.

손절의 사고방식

주식을 산 시점을 수익도 없고 손실도 없는 0이라고 생각할 때, 수익과 손실은 같은 폭으로 움직일 가능성이 있다고 생각해야 한다.

수익 : 손실 = 1 : 1이므로, 그림과 같이 매수한 시점의 0에서 위아래로 똑같은 길이의 화살표가 있다고 생각하는 것이다.

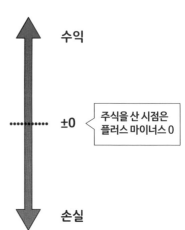

수익

±0

손실

주식을 산 시점은
플러스 마이너스 0

수익과 손실의 화살표 길이를 바꾸는 것이 손절이다. 손실을 최소한으로 억제함으로써 손실의 화살표를 짧게 만들 수 있다.

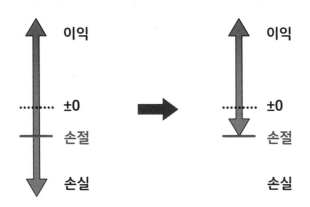

■ 그래도 손절은 어렵다……

그러나 머리로는 알고 있어도, 손절로 손실을 줄이는 일은 사실 매우 어렵다.

주식은 손절하지 않으면 손실이 확정되지 않는다. 사람은 누구나 기분 나쁜 일을 뒤로 미루고 싶어 하는 법이다. 그래서 손절해야 한다는 사실을 알고 있어도 손실을 확정하지 못하고 결국 질질 끌다가 미실현 손실(아직 결제하지 않은 상태의 손실)을 키우는 경우가 많다. 손절하지 못하면 스윙트레이드에서 돈을 벌 수 없다. 차트 분석 공부도 손절을 하지 못하면 결국 무의미해지고 만다.

손절에서 자기 자신을 통제하는 일은 매우 어려움을 명심합시다. 손절을 가능한 한 자연스럽게 실시하기 위해서는 주문 방법의 공부도 중요하지요. 이 부분은 4일째에 배우겠습니다.

❖POINT❖

성공률×수익−실패율×손실을 양의 값으로 만들면 수익이 발생한다.

성공률 > 실패율이 되기 위해서는 '차트 분석'

수익 > 손실이 되기 위해서는 '차트 분석'과 '손절(로스컷)'이 필요하다.

'거래량'과 '거래대금'의 관계

 그날 매매가 얼마나 많이 이루어졌는지, '거래량'을 보고 알 수 있습니다.
한편 거래량과 혼동해서 생각하기 쉬운 것이 '거래대금'입니다. 헷갈리지
않도록 이제부터 살펴봅시다.

■ 거래량이란?

'거래량'이란 그날 매매가 이루어진 주식의 수다.

가령 어느 주식을 100주 구입했다면 반대로 그 주식을 100주 매각한 사람이 있
다. 이때 거래량은 100주다.

그리고 이 100주씩의 거래가 1,000번 성립했다면 거래량은 100주×1,000번으
로 100,000주다.

거래량을 본다

일반적으로 거래량은 봉차트 아래에 표시된다. 차트로 거래량을 확인하면 거래
가 얼마나 많이 이루어졌는지, 다시 말해 매매가 얼마나 활발한지 파악할 수 있다.

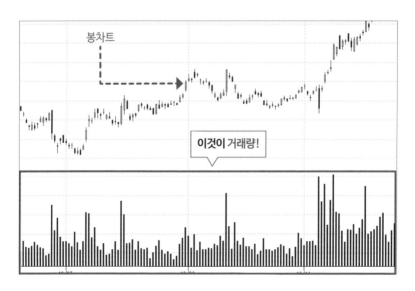

봉차트

이것이 거래량!

거래량을 이용한 차트 분석은 3일째에 자세히 설명하겠습니다.

■ 거래대금이란?

거래대금을 통해서도 거래량과 마찬가지로 거래가 얼마나 활발히 이루어지고 있는지 알 수 있다. 다만 거래대금에서는 주수(株數)뿐만이 아니라 주가(株價)까지 고려한다.

가령 100주 약정(주식의 매매가 성립하는 일)이 있을 경우, 그 거래가 50,000원이라면 거래대금은 50,000원×100주=5,000,000이므로 500만 원이다.

■ 거래량과 거래대금의 서로 다른 활용

거래량과 거래대금을 굳이 나누어 생각할 필요가 있나요?

여러 종목을 비교할 때는 거래대금을 이용하고, 한 종목의 과거와 현재를 비교해서 미래의 주가를 생각할 때는 거래량을 이용하는 경우가 많습니다.

거래량을 보고 '꽤 많이 거래되는 종목이구나'라고 생각해도, 잘 들여다보면 주가가 낮아서 거래대금은 많지 않은 경우도 있다.

자세한 내용은 다음 페이지부터 설명하겠지만, 초보자는 거래대금의 규모가 큰 종목을 선택해서 거래하는 것이 중요하다.

거래가 얼마나 활발한지 아는 일은 스윙트레이드 등의 단기 거래에서 필수다.

❖POINT❖

거래량은 주식의 수, 거래대금은 금액이므로 혼동하지 않도록 주의하자. 두 가지 모두 거래가 얼마나 활발한지 알기 위해 이용한다.

0-06 거래대금의 규모가 큰 종목을 선택해서 거래하자

주식시장에서는 수천 가지의 종목이 거래되는데, 초보일 때는 거래대금의 규모가 큰 종목을 거래하기를 권합니다.

■하루 최소한 50억 원인 종목을 선택하자(*부록 참조)

구체적으로 말하면 처음에는 하루 거래대금이 최소한 50억 원 정도인 종목, 더 욕심을 내자면 100억 원 이상인 종목을 거래하기를 권한다.

특히 스윙트레이드 등의 단기 거래에서는 사고 싶을 때 사고, 팔고 싶을 때 팔 수 있는 종목이 이상적이다.

주식은 상대방이 있어야 사고팔 수 있다. 그러므로 거래할 상대방이 없어질 리스크는 가능한 한 피하는 것이 좋다.

효과적인 대책 한 가지는 거래대금이 하루에 최소한 50억 원인 종목을 골라서 거래하는 것이다.

수천 가지 종목이 거래되는 주식시장에는 매매가 거의 이루어지지 않는 종목도 많이 있습니다.
종목에 따라서는 며칠 연속으로 거래가 0인 경우도 있어요.

어? 그런가요?

거래가 적은 종목은 특정 투자자들의 영향을 받기 쉬워서 차트 분석이 잘 기능하지 않는다는 약점도 있으므로 조심합시다.

■어떤 기업의 주식인지는 그다지 상관없다!?

스윙트레이드 등의 단기 거래에서는 그 주식을 발행한 기업이 어떤 기업인지, 어떤 업종인지, 매출이나 수익률은 어떤지 등을 그다지 고려하지 않아도 괜찮다. 그보다 거래대금을 확실히 보고 종목을 고르는 일이 중요하다.

흠~. 주식은 기업 정보 같은 걸 읽고 그 기업의 실적을 공부해서 사는 거라고 생각했어요.

그래도 신제품이 잘 팔리거나 앞으로 성장할 회사가 아니라면 주가가 안 오르는 것 아닌가요?

물론 앞으로 성장할 기업은 장기적으로 주가가 상승할 가능성도 있지요. 하지만 며칠에서 몇 주라는 단기간에는 매출이 성장하는 기업이라고 해서 반드시 주가가 오르는 것은 아니에요.

■단기적으로 보면 사업의 성장률은 무관하다

며칠에서 몇 주라는 단기간의 주가 변동은 매출이나 수익, 업종으로 결정되는 것이 아니라 그때 매매하는 투자자들의 생각으로 결정되는 것이다. 다시 말해 그때의 수요와 공급으로 결정된다.

투자자들이 사고자 하는 힘과 팔고자 하는 힘 중 어느 쪽이 더 강한지 읽어낼 수 있으면 수익을 올릴 수 있다. 그리고 이러한 수요와 공급(사고자 하는 힘과 팔고자 하는 힘의 관계)을 읽어내는 접근법이 차트 분석이다.

❖POINT❖

거래대금이 적은 종목은 사고 싶을 때 사지 못하고 팔고 싶을 때 팔지 못할 가능성이 있다. 거래가 적으면 차트 분석도 도움이 되지 않으므로 하루 거래대금이 최소한 50억 원, 가능하다면 100억 원 이상인 종목을 선택하자.

0-07 차트 분석을 시작하자!

이 책에서 배우게 될 차트 분석과 스윙트레이드에 대해 대략 이해했을 것이다. 이 책은 하루에 한 챕터씩 7일간의 커리큘럼으로 차트 분석을 공부할 수 있도록 구성했다.

■ 차트에서 매매의 징후를 찾자

차트 분석에서는 21페이지에서 소개한 봉차트를 포함한 다양한 지표의 정보를 고려해, 종합적으로 매매 타이밍을 분석한다. 구체적으로는 다음과 같은 것들을 보고 분석하는 일을 '차트 분석'이라고 총칭한다.

- 차트
- 테크니컬 지표
- 거래량

테크니컬 지표와 거래량은 모두 차트에 표시된다. 그림의 빨간 선이 테크니컬 지표다.

테크니컬 지표를 간단히 설명하면 '현재의 주가 상황을 파악하거나, 주식을 살 타이밍과 팔 타이밍을 포착하기 위해 사용하는' 것이다. 자세한 내용은 뒤에서 설명하겠다.

■ 이 책의 차트 분석 학습

이 책에서는 앞에서 언급한 세 가지의 분석을 중심으로 설명할 것이다. 전반부인 1일째와 2일째에는 차트 분석, 3일째에는 테크니컬 지표와 거래량을 이용한 분석을 배울 것이다.

후반부는 전반부에서 배운 내용을 바탕으로 실제 차트를 보고 매매 타이밍을 읽어내는 실전적인 내용이다.

우선 4일째에 매매 주문 방법을 배우고, 5일째에는 '매수 신호', 6일째에는 '매도 신호'의 실제 사례를 이용해 학습하겠다.

이 책은 하루에 한 챕터씩 읽는 것을 전제로, 7일 만에 차트 분석을 모두 배울 수 있도록 되어 있습니다.

0일째	초보자일수록 주식은 '차트' 로 시작하자

차트 분석을 시작하기 전에 최소한의 기초 지식을 확인한다. 이 책을 통한 공부의 전제 조건이므로, 기억나지 않는 부분이 있으면 돌아가서 복습하자.

지금
여기

▼

1일째	차트는 이렇게 이루어져 있다!

1일째에는 차트가 무엇으로 이루어져 있는지 배운다. 봉, 이동평균선, 트렌드 등 차트의 기초를 여기서 완전 정복!

▼

2일째	차트 패턴으로 '앞날을 읽는 능력' 을 기른다!

2일째에는 '차트 패턴'을 배운다. 차트를 보고 있으면 패턴이 보인다. 중요한 패턴을 기억해 두면 미래의 주가를 예측할 수 있게 된다.

▼

3일째　지표에서 '타이밍'이 보인다!

테크니컬 지표는 매매 타이밍을 알려준다. 조금 어렵게 느껴질 수 있지만 하나하나 차근차근 지표를 살펴보면 지표의 의미를 확실히 이해할 수 있다.

4일째　투자자를 도와주는 편리한 주문 방법

각 증권사가 제공하는 다채로운 주문 방법을 학습한다. 차트 분석과 함께 주문을 현명하게 활용하면, 바쁜 사람도 자투리 시간에 거래를 할 수 있다.

5일째　실전! 유리한 '매수' 신호는 여기!

이제부터 드디어 실전 형식이다. 지금까지 배운 내용을 활용해서 실제 차트에서 매수 신호를 찾아본다. 주식으로 수익을 올리기 위해서는 매수 타이밍을 철저히 살펴야 한다.

6일째　실전! 돈이 벌리는 '매도' 신호는 여기!

주식은 파는 타이밍이 가장 어렵다고 한다. 매도 타이밍도 실전 형식으로 실제 차트에서 찾아보자.

7일째　주식으로 실패하지 않기 위해…

차트 공부를 마치고 드디어 투자를 시작하는 사람들을 위한 마무리 시간이다. 주식으로 실패하지 않기 위해 주의해야 할 점을 정리했다.

매일 조금씩 읽으며 공부할 수 있어서 좋네요!

■차트 분석의 단점도 알아두자

차트 분석은 스윙트레이드 등의 단기 매매에서는 필수이지만, 만능은 아니다. 차트 분석을 시작하기 전에 단점도 살펴보자.

단점① 뉴스에 약하다

세상에는 매일 다양한 뉴스가 있으며, 그 뉴스가 주식시장에 영향을 미치는 일도 자주 있다.

또 분기마다 개별 기업의 결산 발표가 있는데, 결산 내용에 따라 주가가 오르내리는 일도 있다. 이처럼 뉴스 때문에 주가가 요동칠 때는 차트 분석이 그다지 의미가 없어진다. 결산에 대한 대응은 200페이지에서 설명하겠다.

단점② 거래량이 적은 종목에는 통용되지 않을 수 있다

차트 분석은 많은 투자자들이 매매하는 종목일수록 힘을 발휘한다. 거래량이 매우 적은 종목일 경우 특정 투자자들의 의도에 따라 주가가 오르내리기 쉬우므로 차트 분석이 그다지 도움이 되지 않을 수 있다.

단점③ 한 박자 늦은 테크니컬 지표도 많다

테크니컬 지표는 과거의 주가 변동을 지표로 만든 것이다. 그러므로 매수 신호와 매도 신호가 최적의 타이밍보다 조금 늦게 나타난다고 생각해야 한다.

단점④ 가짜 신호가 있다

예를 들어 매수 신호를 발견해서 주식을 구입해도, 그 후 곧바로 정반대의 움직임이 나타나는 경우도 있다. 차트 분석에서는 이러한 '가짜 신호'가 존재한다.

특히 하나의 차트나 지표만으로 투자를 판단하려 하면 가짜 신호와 맞닥뜨리기 쉽다. 가짜 신호를 완전히 피할 수는 없지만, 여러 지표를 이용하면 가짜 신호를 만날 가능성을 낮출 수 있다.

결국 단점도 있군요.

차트 분석은 투자에서 성공하는 데에 효과적인 접근법으로 평가됩니다. 단점이 있는 사실을 이해하고 활용하면 성공 가능성이 더 높아질 거예요.

가짜 신호를 만나면 어떻게 해야 하나요?

가짜 신호는 완벽하게 피할 수도 없고, 굳이 피할 필요도 없습니다.

■ 가짜 신호는 당연히 존재한다고 생각한다

가짜 신호는 당연히 존재한다고 생각하며 투자하면 된다. 가짜 신호였음을 깨달았을 때는 지체 없이 그 주식을 놓아주기를 권한다.

손절이군요!

맞습니다. 스윙트레이드에서는 완벽한 성공을 추구하는 것이 아니라, 가짜 신호와 만나더라도 손절로 대응하면서 최종적인 수익을 노리는 일이 이상적입니다

❖POINT❖

차트 분석은 만능이 아니다.

결산 발표나 돌발 뉴스가 있을 때는 테크니컬 지표가 기능하지 않게 되고, 매매가 적은 종목에서도 의미가 없다. 또 어떤 차트나 테크니컬 분석이라도 가짜 신호가 존재한다. 가짜 신호였음을 깨달았다면 손절로 대응하자.

차트는 이렇게
이루어져 있다!

1일째에는 봉의 기본 형태, 주가의 경향, 가장 유명한 테크
니컬 지표인 '이동평균선'을 공부하겠다. 이것들은 모두 차
트 분석의 기초다.

'차트는 이렇게 이루어져 있구나' 하고 구조와 개요를 이해
할 수 있다.

1-01 봉이 무엇을 나타내는지 이해하자

■ 봉차트를 관찰하자

차트 공부의 첫걸음은 '봉차트'의 공부다. 차트 분석의 기초이므로 확실히 배워
나가자.

이제부터 주가 차트를 살펴봅시다. 차트는 과거의 주가 변동
을 시간 순서대로 나열한 것이라고 배웠지요?

드디어 차트가 등장했군요! 기대돼요

이 하나하나를
'봉'이라고 한다

이 차트는 봉차트라고 하며, 차트를 구성하는 막대 하나하나를 봉이라고 한다.
차트라는 말은 일반적으로 봉차트를 가리킨다. 봉차트는 차트 분석에서 기초 중의
기초다.

■ 봉이 나타내는 것

하나의 봉은 하루 동안의 네 가지 주가를 나타낸다.

① 시가(그날 처음으로 거래된 주가)

② 저가(그날 거래된 주가 중 가장 낮은 주가)

③ 고가(그날 거래된 주가 중 가장 높은 주가)

④ 종가(그날 마지막으로 거래된 주가)

어떻게 봉 하나가 네 가지 주가를 나타내죠?

봉의 예를 들어서 확인해 보겠습니다.

시가에서 종가까지 상승한 경우(시가 < 종가)의 봉

어느 날의 주가가 4,000원에서 시작한 후(①) 하락해서 저가가 3,950원(②)이 되었다고 하자. 그 후 급등해서 4,200원(③)이 되고 마지막에는 4,150원(④)이 되며 끝났다면 다음과 같은 봉이 된다.

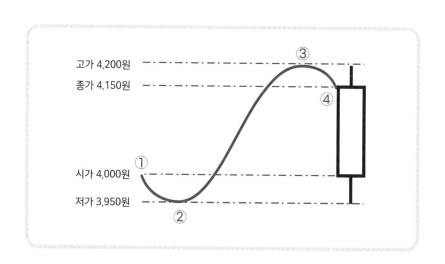

이번에는 주가가 시가에서 종가에 이르기까지 상승한 경우이므로(시가〈종가) 흰색으로 표시한다. 반대로 주가가 시가에서 점점 하락하는 경우는(시가〉종가) 검은색으로 표시한다.

주가가 시가에서 종가까지 하락한 경우(시가 > 종가)의 봉

가격이 하락해 시가〉종가가 된 경우를 살펴보자.

어느 날의 주가가 4,150원에서 시작해서(①) 그 후 고가가 4,200원이 되었다가 (②) 그다음에는 급락해서 3,950원의 저가가 되고(③) 마지막에는 4,000원이 되며(④) 끝났다면 다음과 같은 검은색 봉이 된다.

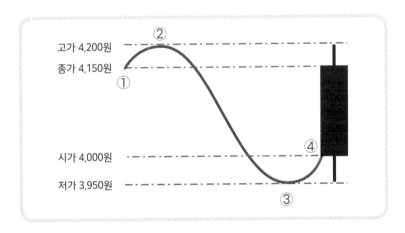

양봉과 음봉

주가가 상승하는 봉을 양봉이라고 하고, 주가가 하락하는 봉을 음봉이라고 한다. 앞 페이지의 흰 봉은 '시가〈종가'로 주가가 상승했으므로 양봉, 위의 검은 봉은 '시가〉종가'인 음봉이다.

몸통과 꼬리

봉의 위아래에 있는 선을 꼬리라고 한다. 위에 있는 선을 위꼬리, 아래에 있는 선을 아래꼬리라고 한다. 시가와 종가로 둘러싸인 부분은 몸통이라고 하므로 함께 기억해 두자.

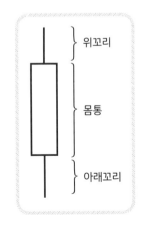

양봉과 음봉의 색깔은 차트 툴마다 다릅니다. 이 책과는 완전히 다른 색인 경우도 있어요.

봉을 잘 보면 색이 다를 뿐 아니라 모양도 다양하네요.

 봉차트에는 다양한 형태가 있지요. 유명한 형태들을 기억해두면 봉을 보고 주가 변화의 조짐을 읽어낼 수 있습니다. 46페이지부터 유명한 봉의 형태들을 공부하겠습니다.

✦POINT✦

시가〈종가인 봉을 양봉이라고 하고, 시가〉종가인 봉을 음봉이라고 한다. 이 책에서는 양봉을 흰색, 음봉을 검은색으로 표시한다. 봉의 색은 증권사의 차트 툴마다 다르다.

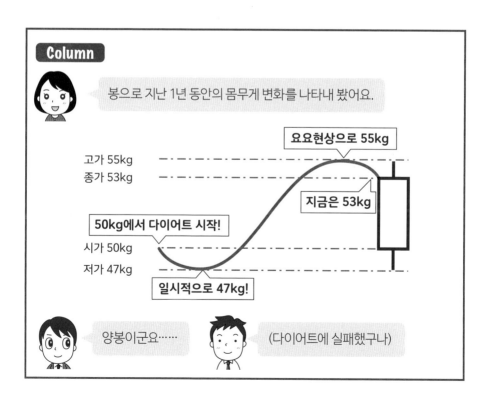

■ 일봉, 주봉, 월봉 차트

하나의 종목을 나타내는 차트는 '일봉 차트' '주봉 차트' '월봉 차트' 등 기간에 따라 다양하다.

일봉 차트는 봉 하나가 하루 동안의 주가 변동을 나타낸다. 주봉 차트는 일주일 동안의 움직임을 나타낸다.

예를 들어 닛케이 평균 주가를 일봉 차트, 주봉 차트, 월봉 차트로 보면 다음과 같다.

[일봉 차트]

봉 하나가 하루 동안의
주가 변동을 나타낸다
= 일봉

[주봉 차트]

봉 하나가 일주일
동안의 주가 변동을
나타낸다 = 주봉

[월봉 차트]

봉 하나가 한 달 동안의
주가 변동을 나타낸다
= 월봉

■ 어느 봉차트를 이용해야 할까?

똑같은 닛케이 평균 주가를 나타내는데도 차트 전체의 움직임이 완전히 다른 형태임을 눈치챘을 것이다.

기본적으로는 거래 한 번 당 어느 정도의 기간에 걸쳐 수익을 얻을 것인지 생각하고 차트를 이용해야 한다.

며칠에서 몇 주의 단기투자에서는 일봉을 이용한다. 몇 달에서 1년 정도라면 주봉을, 장기간의 주가 흐름을 확인하고 싶은 경우에는 월봉을 이용한다.

스윙트레이드로 수익을 올릴 두 분은 어느 차트를 이용해야 할지 이미 아시겠지요?

일봉이지요!

정답입니다!

❖POINT❖

대략적인 흐름을 파악하는 데에 주봉과 월봉을 이용하는 경우도 있으나, 스윙트레이드에서는 주로 일봉을 이용한다. 이제부터 이 책에서 소개할 차트들은 일봉 차트다.

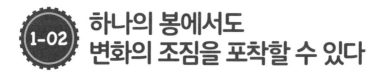

하나의 봉에서도 변화의 조짐을 포착할 수 있다

하나의 봉에서 변화의 조짐을 포착하는 방법을 알아보자. 봉의 형태를 배웠다고 해서 갑자기 돈을 벌 수 있는 것은 아니지만, 공부해 두는 데에는 큰 가치가 있다.

어? 돈을 벌 수 있는 것이 아닌데, 왜 공부할 가치가 있나요?

여기서 소개할 봉차트는 수익으로 직접 연결되지는 않을 수도 있지만, 변화의 조짐을 포착할 수 있습니다. 위험이나 기회를 미리 발견하는 일로 이어지지요.

미리 발견이라니, 느낌이 잘 안 오는데……

■ 도지형(십자형)

오카와가 잘 이해할 수 있도록 우선 봉 하나의 기본 형태인 도지형을 공부해 보자.

도지형은 다음 페이지와 같은 형태의 봉이다. 왼쪽의 주가 변동을 오른쪽에 봉으로 나타낸 것이 도지형이다.

주가가 위아래로 크게 움직였지만 결국 시가와 종가가 똑같아졌다.

이 형태는 사고자 하는 힘과 팔고자 하는 힘이 서로 팽팽한 상태를 나타낸다. 주가가 비교적 높은 위치에서 도지형이 나타났다면 하락으로 전환할 조짐, 주가가 비교적 낮은 위치에서 도지형이 나타났다면 상승으로 전환할 조짐으로 여겨진다.

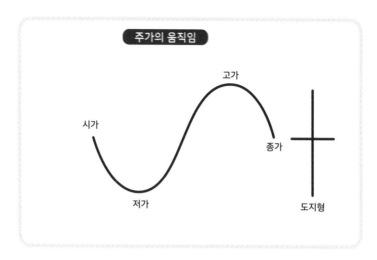

오카와 씨가 어떤 주식을 보유하고 있는데, 주가가 순조롭게 상승하다가 이 도지형이 나타났다면 어떻게 생각해야 할까요?

오음, 상승이 하락으로 전환될 신호니까 팔아야 할지도 모른다고 생각해야겠죠?

정답입니다!
그게 아까 말한 '미리 발견'이에요.

마오카와 씨가 말 그대로 위험을 미리 발견했군요.

도지형은 **십자형**이라고도 한다. **줄다리기를 연상**하면 된다. '시~작!'하고 줄다리기를 시작해서 밀고 당기다가 **결국은 시작과 똑같은 위치에서 끝난** 것이 이 도지형이다.

■ 역망치형

다음은 역망치형이다. 우선 형태부터 보자. 위꼬리가 긴 것이 핵심이다.

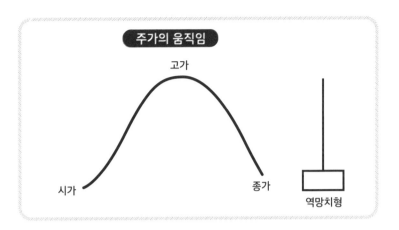

주가의 움직임

고가

시가

종가

역망치형

이 형태의 봉이 나타났을 때 주가는 어떻게 움직일지 예상되시나요?

시작 후 일시적으로 상승했지만 결국 하락하면서 끝난 건가요?

정답입니다. 역망치형도 변화의 조짐을 읽어낼 수 있는 형태인데, 이 형태의 봉을 발견했을 때는 주가가 그 이상 상승하면 팔고자 하는 사람이 많다고 생각해야 합니다.

도지형과 마찬가지로 생각하면……
보유한 주식의 값이 오르고 있을 때 이 역망치형 봉이 나타나면 매도를 생각하는 쪽이 좋은 건가요?

그렇지요.
이 형태가 나타났다고 해서 반드시 그 후에 주가가 하락하는 것은 아니지만, 그래도 '파는 게 좋겠어'라는 생각을 하는 사람이 많을 것입니다. 성공률을 조금이라도 더 높이기 위해 이 형태도 기억해 둡시다.

주가가 상대적으로 높은 위치(천장권)일 때 역망치형이 나타났다면 주의할 필요가 있다.

그 이상 주가가 상승하면 팔고자 하는 사람이 많다고 생각할 수 있다. 역망치형이 나타나면 그 후 하락으로 전환되기 쉬운 것이다.

역망치형은 양봉일 때도 있고 음봉일 때도 있다.

■ 망치형

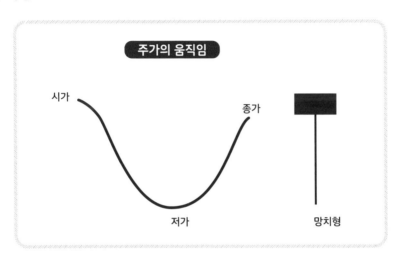

역망치형은 바로 이 망치형을 뒤집은 것이다. 아래꼬리가 길며, 기회를 미리 발견하는 데에 이용할 수 있는 봉이다.

가령 차트의 비교적 낮은 위치에서 망치형 봉을 발견했다면, 그 후 상승할 것이라는 조짐이라고 생각하면 된다.

한 번 큰 매도가 일어난 후, 주가가 원래대로 돌아간 형태군요.

맞습니다.
이 형태가 나타났을 때는 주가가 더 이상 하락하면 그 주식을 사고자 하는 사람이 많다고 생각할 수 있지요.

지금까지는 위험을 미리 발견하는 봉이었지만, 이 망치형은 기회를 미리 발견하는 데에 이용할 수 있다.

차트의 상대적으로 낮은 위치에서 망치형을 발견했다면, 그 후 상승으로 돌아서는 계기가 되는 경우가 많다.

또 망치형도 역망치형과 마찬가지로 양봉일 때도 있고 음봉일 때도 있다. 주가 하락의 끝이 망치형인 경우가 많으므로 차트 툴에서 직접 확인해 보자.

다음은 강한 하락 경향과 상승 경향을 포착하는 데에 이용하는 봉의 형태,

- 대음봉
- 대양봉

을 살펴보자.

■ 대음봉

대음봉은 시가=고가, 종가=저가인 형태다. 꼬리가 없는 것도 특징이다. 시가에서 일방적으로 매도가 이루어져 종가를 향하는 형태로 강력한 하락 경향이 있음을 보여준다.

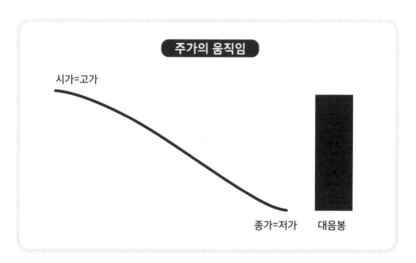

이 형태를 발견하면 어떻게 해야 하나요?

이 봉을 발견하면 그 주식은 사지 않는 쪽이 안전하다고 생각할 수 있습니다. 만약 그 주식을 보유하고 있는데, 이 형태의 봉이 나타나면 매도를 검토하는 것이 좋을 수 있고요.

대음봉은 매도 세력이 우세함을 나타내는 봉의 형태다.

이 형태가 나타난 주식은 잠시 손을 떼는 것이 안전하다.

■ 대양봉

대양봉은 대음봉의 반대 형태로 시가=저가, 종가=고가인 형태다. 매수 세력이 우세함을 보여준다.

이 형태는 주가가 위를 향하고 있음을 보여주므로 매수를 검토해도 좋을 것이다.

또 이 형태의 봉을 발견했을 때는 거래량도 동시에 확인하자. 거래량이 평소보다 늘었다면 상승을 향한 강력한 움직임이라고 생각할 수 있다.

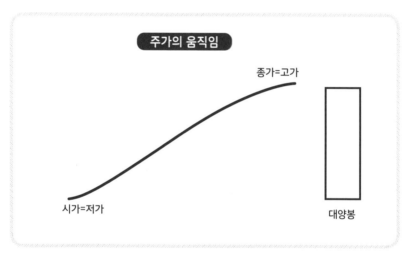

대음봉과 대양봉은 찾아내기 쉬워 보이네요.

눈에 잘 띄어요!

그렇습니다.
거래량이 늘고 대양봉의 형태가 발견된다면 기회일 수 있습니다. 주가가 위와 아래 중 어느 쪽으로 움직일지 불투명할 때 대양봉이 나타나면서 위로 움직이기 시작하는 경우도 많아요.

도지형, 역망치형, 망치형은 변화의 조짐을 알아채는 데에 효과적인 형태다. 대음봉과 대양봉을 발견했을 때는 주가의 방향을 파악할 수 있다.

■ 하나의 봉에 나타나는 형태 정리

봉의 명칭	주가의 움직임	이 형태가 나타났을 때 투자 판단의 기준
도지형	고가 / 시가 / 저가 / 종가	트렌드 전환 상승 후 출현 ➡ 하락 전환 하락 후 출현 ➡ 상승 전환
역망치형	고가 / 시가 / 종가	상승 후 출현 ➡ 하락 전환
망치형	시가 / 종가 / 저가	하락 후 출현 ➡ 상승 전환
대음봉	시가=고가 / 종가=저가	강력한 하락 경향
대양봉	종가=고가 / 시가=저가	강력한 상승 경향

 **'트렌드'란 무엇일까**

 트렌드라는 말을 들으면 무엇이 떠오르나요?

 유행 같은 거?

 패션에서는 유행을 트렌드라고 하죠.

 투자에서는 전체의 방향을 '트렌드'라고 합니다. 우선 트렌드란 무엇인지 이해해 둡시다.

■ 트렌드는 곧 방향

이제부터 '트렌드'에 대해 배워 보자. 트렌드는 쉽게 말하면 주가 전체가 향하는 방향이다.

트렌드는 다음과 같이

- 하락 트렌드
- 보합
- 상승 트렌드

크게 세 가지로 나눌 수 있다.

이 중 특히 초보자가 주목할 것이 '상승 트렌드'다. 상승 트렌드에 올라타면 초보자도 쉽게 수익을 올릴 수 있으므로, 차트를 볼 때는 상승 트렌드를 주목하자.

그러면 세 가지 트렌드를 하나씩 살펴보겠다.

하락 트렌드

이 차트에서는 주가가 왼쪽 위에서 오른쪽 아래로 조금씩 하락하는 모습을 볼수 있다. 이것을 하락 트렌드라고 한다. 하락 트렌드일 때 수익을 올리기는 상당히어렵다.

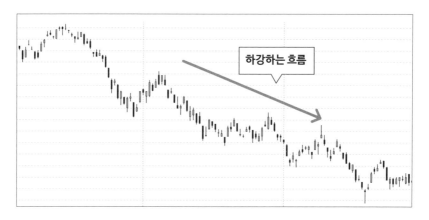

하강하는 흐름

보합

주가가 위아래로 움직이기는 하지만 큰 변화가 없는 모습을 '보합' 또는 '횡보'라고 한다. 이때도 하락 트렌드와 마찬가지로 수익을 올리기 어렵다.

보합

상승 트렌드

마지막은 상승 트렌드다. 주가가 전체적으로 조금씩 상승하는 흐름이 보인다.

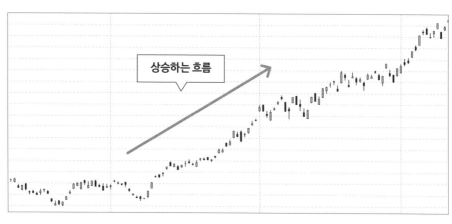

상승하는 흐름

초보자로서 상승 트렌드일 때 그 흐름에 올라타서 수익을 올리는 일을 목표로 삼자.

왜 트렌드에 올라타는 일이 중요한가요?

맞아요. 트렌드와 상관없이 돈을 벌 수 있는 방법은 없나요?

 트렌드는 흐르는 물과 같다고 생각하면 이해하기 쉬울 겁니다.
흐름을 거슬러서 헤엄치는 경우와 흐름을 따라서 헤엄치는 경우, 둘 중 어느 쪽이 나아가기 쉬울까요?

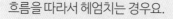 흐름을 따라서 헤엄치는 경우요.

 주식투자도 마찬가지여서, 전체의 흐름을 거스르지 않는 것이 안전합니다.
상승 트렌드의 흐름을 타서 주식을 사고팔아야 수익을 올리기 쉬워요.

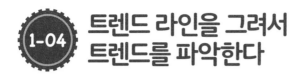

트렌드 라인을 그려서 트렌드를 파악한다

트렌드를 파악하기 위해 '차트에 직접 선을 그려 보는' 방법
이 있습니다.
차트상의 점들을 연결해서 하나의 선을 만드는 것이죠.

■ 트렌드 라인을 그린다

봉차트에 직접 선을 그려 보자. 이 선을 트렌드 라인이라고 한다.

상승 트렌드의 트렌드 라인 그리기

상승 트렌드의 트렌드 라인을 그릴 때는 차트의 낮은 지점들을 서로 연결하듯
선을 그린다.

다시 말해 봉차트에서 아래로 튀어나온 봉들을 연결해 선을 만드는 것이다.

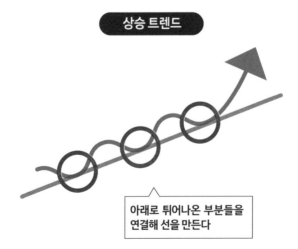

상승 트렌드

아래로 튀어나온 부분들을
연결해 선을 만든다

하락 트렌드의 트렌드 라인 그리기

한편 하락 트렌드일 때는 반대로 위로 튀어나온 봉들을 연결해 선을 그린다.

트렌드 라인은 반드시 직선으로 그어야 합니다. 모든 저가(고가)를 포함시킬 필요는 없어요. 대략적으로 그리면 됩니다.

■ 트렌드 라인과 주가 변동의 관계를 본다

실제 차트에 그린 트렌드 라인을 보자. 주가의 움직임과 트렌드 라인의 관계도 주목하자.

상승 트렌드일 때

상승 트렌드일 때 트렌드 라인과 주가 변동의 관계를 살펴보겠다.

이 그림에서 주가는 마치 트렌드 라인에 떠받쳐져 상승하는 듯 보인다. 이 상승 트렌드의 트렌드 라인은 지지선이라고도 한다. 지지선은 주가가 상승할 때 낮은 가격의 전망으로 이용할 수 있다.

예를 들어 지지선에 다다랐을 때 주식을 사고, 트렌드가 무너지지 않는 한 계속 보유한다는 전략으로 수익을 노릴 수 있다.

하락 트렌드일 때

하락 트렌드일 때의 트렌드 라인은 다음과 같다.

트렌드 라인
= 저항선

위로 튀어나온 봉들을 연결한다

주가는 마치 트렌드 라인에 머리를 눌리며 하락하는 듯 보인다. 이 하락 트렌드의 트렌드 라인은 저항선이라고도 한다. 주가의 높은 부분이 점점 낮아지면서 주가가 하락하고 있음을 알 수 있다.

상승 트렌드일 때는 '낮은 가격'을 떠받치는 선이고, 하락 트렌드일 때는 '높은 가격'을 억누르는 선이구나.

대강 선을 긋는다는 느낌이면 충분하네요.

■ 트렌드 라인을 이용한 '트렌드가 무너졌을 때 산다'는 사고방식

트렌드 라인의 기본적인 사용 방법은 '대략적인 트렌드의 흐름을 파악하기 위해 사용'하는 것인데, 그 외에도 '트렌드가 무너졌을 때 산다'는 사용법이 있다.

아래의 차트에서 빨간 원으로 표시한 부분을 보자. 하락 트렌드였다가 주가가 저항선을 뚫고 올라가, 트렌드가 무너지고 주가가 상승하고 있다. 여기서 주식을 사면 하락 트렌드가 끝나는 바로 그 순간에 주식을 사는 것이나 마찬가지라고 생각할 수 있다.

이처럼 트렌드 라인은 매매 타이밍을 포착하는 데에도 중요하다.

■ 트렌드 라인을 그리면 더 깊이 생각할 수 있다

그저 차트를 보기만 하는 것이 아니라 트렌드 라인을 그리며 주가가 어떻게 움직이고 있는지 생각하면 매우 좋은 공부가 된다.

돈을 쓰지 않고도 경험을 급속히 늘리는 공부법이다.

트렌드 라인은 차트를 인쇄해서 자를 대고 그리는 건가요?

 인쇄해서 자를 대고 선을 그을 수도 있지만, 요즘은 컴퓨터로 선을 그릴 수 있는 차트 툴도 많습니다.

트렌드 라인을 그리고 생각하는 일은 좋은 공부법입니다. 지지선보다 아래로 내려가면 주가는 어떻게 되는지, 또 저항선보다 위로 올라간 후에는 주가가 어떻게 움직이는지 살펴봅시다.

트렌드 라인의 활용법

트렌드 라인의 종류	활용법의 예
상승 트렌드일 때 저가를 연결한 선 (지지선)	트렌드 라인을 낮은 가격의 기준으로 삼아, 주가가 트렌드 라인까지 하락하면 산다 저항선 지지선에서 산다
	주가가 트렌드 라인보다 아래로 내려가면 판다 저항선 지지선보다 낮아지는 지점에서 판다
하락 트렌드일 때 고가를 연결한 선 (저항선)	트렌드 라인을 높은 가격의 기준으로 삼아, 주가가 트렌드 라인까지 상승하면 판다 (※) 저항선 저항선에서 산다
	주가가 트렌드 라인보다 위로 올라가면 산다 저항선 저항선보다 높아지는 지점에서 판다

※ 이 경우 공매도가 된다. 공매도는 상급자를 위한 것이므로, 우선 매수로 시작한 거래에서 수익을 얻는 일을 목표로 삼자.

가장 먼저 기억해 둘 유명한 지표 '이동평균선'

봉차트 다음으로 드디어 '**이동평균선**'의 등장입니다. 이동 평균선은 테크니컬 지표의 일종인데, 따라올 자가 없을 만 큼 유명한 지표지요.

이름은 들어 본 적이 있어요. 이동평균선도 테크니컬 지표 의 일종이군요.

테크니컬 지표에 대해서는 3일째에 자세히 배울 텐데, 1일 째에는 가장 유명한 이동평균선만 다루겠습니다. 일단 아래 의 차트를 살펴봅시다.

마치 봉차트를 따라가듯, 달라붙었다 떨어졌다하며 함께 이 동하는 선이 있지요? 이것이 이동평균선입니다.

봉차트와 사이좋게 함께 움직이네요.

맞습니다.
왜 그렇게 움직이느냐 하면, 이동평균선은 주가의 움직임을
평균화해서 나타낸 선이기 때문이에요.

■ 이동평균선의 원리

이동평균선은 며칠 동안의 종가를 더한 후 일수로 나누어 산출한다.
가령 5일 이동평균선이라면 지난 5일간의 종가를 더한 후 5로 나눈 평균값이
이동평균선의 값에 해당한다.

5일 이동평균선의 경우

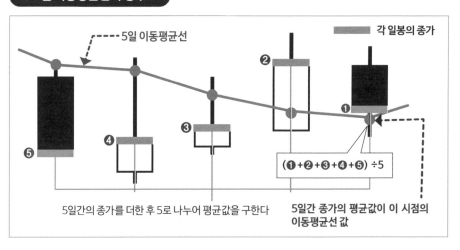

계산에 반영하는 종가의 일수에 따라 이동평균선의 종류가 달라진다. 예를 들
어 25일 동안의 종가를 반영하면 25일 평균선, 75일 동안의 종가를 반영하면 75
일 이동평균선이 된다.

앞 페이지의 차트에서는 5
일 이동평균선과 25일 이
동평균선이라는 두 종류
를 표시했다.

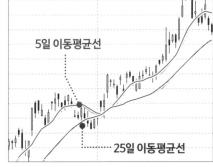

반영하는 기간이 짧은 이동평균선일수록 선이 크게 움직인다

반영하는 기간이 길수록 평균값이 완만해지므로 이동평균선도 매끄럽게 움직인다. 반대로 반영하는 기간이 짧으면 이동평균선이 위아래로 급격히 움직인다.

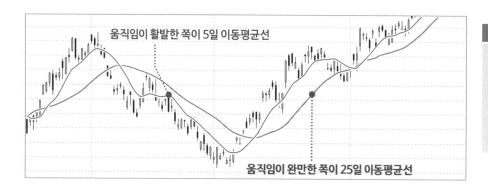

위의 차트를 보면 상승 트렌드일 때는 주가가 상승한 뒤 그 뒤를 따라가듯 5일 이동평균선이 상승함을 알 수 있다. 그다음에 한발 늦게 25일 이동평균선이 상승한다.

5일의 평균값이 25일의 평균값보다 빠르게 반응하기 때문이다.

애초에 왜 이동평균선 두 개를 표시하는 건가요?

이동평균선을 볼 때는 '두 이동평균선의 관계'가 중요하기 때문이에요. 거기에 대해서는 곧 설명하겠습니다.

■ 이동평균선에서 '단기선'과 '장기선' 이란

다양한 기간의 이동평균선을 참고할 수 있다. 일봉 차트는 5일, 25일, 75일이 일반적이고 주봉 차트의 경우는 13주, 26주, 52주를 잘 사용한다.

또 일반적으로 이동평균선은 '단기선'과 '장기선'이라는 두 종류를 함께 사용한다.

이름 그대로 포함되는 일수가 짧은 이동평균선과 긴 이동평균선이다. 이 책에서는 5일 이동평균선과 25일 이동평균선을 사용하고 있다.

■ 이동평균선에서 대략적인 트렌드를 파악할 수 있다

이동평균선은 주가의 움직임을 평균화한 것이므로 이 선이 위를 향하면 상승 트렌드, 아래를 향하면 하락 트렌드다. 이렇게 해서 트렌드를 파악할 수 있다. 이러한 장점이 있기 때문에 이동평균선은 테크니컬 지표 중에서도 '트렌드 계열 테크니컬 지표'라고 한다.

상승 트렌드

대략적인 트렌드는 봉차트만으로도 이해할 수 있지만, 이동평균선 등 트렌드 계열 테크니컬 지표를 함께 사용하면 더 높은 정확성을 기대할 수 있다. 상승 트렌드가 시작되었을 때 주식을 살 수 있다면 큰 이익을 얻을 수 있을 것이다. 이동평균선을 활용하는 자세한 방법은 다음 페이지부터 배울 것이다.

이동평균선 외에도 트렌드 계열의 테크니컬 지표에 대해서는 3일째에 살펴볼 것이다.

골든크로스와 데드크로스를 생각하자

 골든크로스와 데드크로스는 차트 분석을 배울 때 알아둬야 하는 개념입니다. 두 개의 선으로 매매 타이밍을 파악한다는 사고방식이에요.

두 개의 선이라……. 아, 앞에서 배운 이동평균선인가요?

 맞습니다. 두 가지 이동평균선을 예로 들어서 골든크로스와 데드크로스를 살펴보겠습니다.

■ 골든크로스

차트에서 단기 이동평균선이 장기 이동평균선을 뚫고 올라가는 것을 **골든크로스**라고 한다.

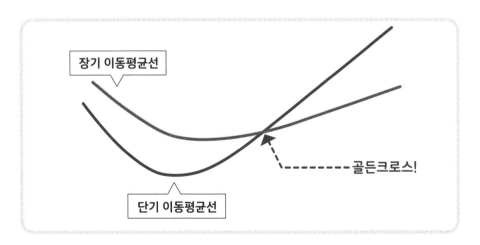

골든크로스는 하락 트렌드가 **상승 트렌드로 전환**되는 신호이며, **매수 신호**로 활용된다.

■ 데드크로스

반대로 단기 이동평균선이 장기 이동평균선을 뚫고 내려가는 것을 데드크로스라고 한다. 상승 트렌드가 하락 트렌드로 전환되는 신호이며, 매도 신호로 활용된다.

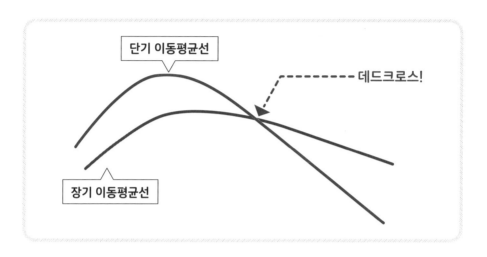

■ '주어'는 단기선

골든크로스와 데드크로스는 '단기선이' 위로 올라갔는지 아래로 내려갔는지를 보고 구분한다. 주어는 '단기선'으로, '단기선이 장기선을 어떻게 했는지' 판단하는 것이다.

뚫고 올라가거나 뚫고 내려가는 주체는 항상 단기선이군요.

 여기서는 이동평균선을 예로 들었는데, 골든크로스와 데드크로스라는 개념은 다른 지표에서도 사용합니다. 매우 자주 사용되니 여기서 확실하게 익혀 둡시다.

■ 주가와 이동평균선에도 나타난다

지금까지 두 가지 이동평균선을 사용해 골든크로스와 데드크로스를 살펴보았다. 그런데 하나의 이동평균선과 주가를 보고도 마찬가지로 생각할 수 있다.

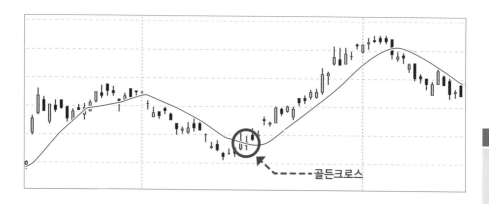

골든크로스

그런데 왜 골든크로스는 매수 타이밍이고 데드크로스는 매도 타이밍인가요?

따지지 말고 그냥 외워야 하는 건가요?

아닙니다. 확실한 원리가 있어요.

■ 골든크로스와 데드크로스의 원리

5일 이동평균선과 주가 차트의 관계를 예로 들어 생각해 보자.

골든크로스

지난 5일 정도의 기간에 주식을 구입한 사람들은 5일 이동평균선에 나타난 가격 언저리에서 구입해서 보유하고 있다는 것이 전제다.

예를 들어 **Ⓐ**지점과 같이 이동평균선보다 주가가 위에 있으면 그 가격대에서 구입한 사람은 미실현 이익(아직 결산하지 않은 상태의 이익)을 얻은 것이다.

이렇게 보유한 주식에서 미실현 이익이 난다면, 오카와 씨는 어떻게 생각할 것 같나요?

'더 많이 사 둘걸!'이나 '계속 쭉쭉 올라라!'라고 생각할 것 같아요.

이처럼 미실현 이익 상태일 때 투자자들의 심리는 '강세'가 된다.

그러면 반대로 **Ⓑ**의 지점과 같이 주가가 이동평균선보다 내려갈 때는 어떨까? 최근 주식을 구입한 사람들은 미실현 손실(아직 결산하지 않은 상태의 손해)을 입은 것이다.

보유한 주식에서 미실현 손실이 난다면 어떻게 생각할 것 같나요?

음~ '사지 말걸'이나 '손실이 줄어들었을 때 팔아 버릴까…'라고 생각할 것 같아요.

이처럼 미실현 손해 상태일 때 투자자들의 심리는 '약세'가 된다. 그리고 투자심리가 강세일 때는 주가가 상승하기 쉽고, 약세일 때는 주가가 하락하기 쉽다.

그러면 여기서 **Ⓒ**의 타이밍을 봅시다. 여기서 투자심리의 '약세'와 '강세'는 어떻게 될까요?

정답! 약세와 강세가 역전됩니다.

그래서 '매수 신호'군요!

그렇습니다. 그것이 골든크로스의 타이밍이에요!
이번에는 현재의 주가와 5일 이동평균선의 관계를 통해서
생각했는데, 두 가지 이동평균선의 관계에서도 마찬가지로
생각할 수 있습니다.

그렇구나! 좋은 걸 배웠네요!
이동평균선의 골든크로스에서 사고 데드크로스에서 팔면
확실하게 돈을 벌 수 있을 것 같아요!

그렇게 되면 좋겠지요.
하지만 가짜 신호도 있고, 골든크로스와 데드크로스만 보
고 투자를 판단하면 잘 된다는 보장은 없습니다.
이제부터 이동평균선을 활용한 골든크로스와 데드크로스
의 단점도 설명하겠습니다.

❖POINT❖

  단기선이 장기선을 뚫고 올라가는 타이밍은 투자심리가 강세인 사람들이 우세해지
는 타이밍이라고 생각할 수 있으므로 '매수' 타이밍이 된다. 반대로 단기선이 장기선을
뚫고 내려가는 타이밍은 투자심리가 약세인 사람들이 우세해지므로 '매도' 타이밍이다.

  이러한 골든크로스와 데드크로스의 개념은 특히 트렌드 계열 테크니컬 지표에서 매
우 자주 활용된다. 기본적인 사고방식이지만 결코 만능은 아니다.
  '이동평균선이 골든크로스니까 사자!'라고 단정 짓는 방식으로 활용하는 일이 부디
없기를 바란다.

'이동평균선'의 약점

 이동평균선은 활용하기 편리하지만 만능은 아닙니다. 단점도 파악해 둡시다.
그전에 우선 앞에서 설명한 두 가지 이동평균선에 나타나는 매매 신호를 실제 차트에서 찾아보죠.

■ 이동평균선의 골든크로스와 데드크로스를 본다

앞에서 설명했듯 골든크로스에서 사고 데드크로스에서 파는 것은 이동평균선의 기본적인 활용법이다.

봉차트에 5일 이동평균선과 25일 이동평균선을 표시해 보자.

위의 차트에서는 데드크로스가 나타난 다음 주가가 하락해서 골든크로스가 나타나고, 그 후 상승이 계속되고 있음을 알 수 있다.

이론대로 깔끔하게 움직이네요!

 그렇지요. 다만 예상대로 되지 않는 경우도 있습니다. 이동평균선의 약점도 살펴봅시다.

이동평균선의 약점 ① **매수 신호와 매도 신호가 늦게 나타난다**

이동평균선은 종가의 합계를 일수로 나누어 산출하는 평균값이다.

평균값이므로 주가가 반영될 때까지는 시차가 있다.

오늘 주가가 상승했다고 해서 곧바로 5일 이동평균선이 25일 이동평균선을 골든크로스로 교차하는 것이 아니다.

아래의 차트와 같이 주가가 상승하기 시작한 후 조금 시간이 지나고 나서 골든크로스가 나타난다.

주가의 상승보다 조금 늦게 골든크로스가 나타난다

이 문제를 해소하기 위해서는 5일 이동평균선과 25일 이동평균선의 관계가 아니라, 현재의 주가와 5일 이동평균선의 관계를 이용하는 방법이 있다.

또 산출에 사용하는 일수를 짧게 설정하면 골든크로스와 데드크로스의 매수 신호와 매도 신호를 일찍 포착할 수 있다.

그렇군요. 평균선의 일수를 짧게 설정하면 신호가 빨리 나타나는군요. 좋은 정보네요.

다만 일수를 짧게 설정하면 다음에 소개할 '가짜 신호를 만나기 쉽다'는 약점이 커집니다.

이동평균선의 약점 ② 가짜 신호를 만나기 쉽다

이동평균선의 산출 일수를 짧게 설정하면 매수 신호와 매도 신호를 포착하기 쉬워진다. 그러나 산출 일수가 짧아질수록 가짜 신호를 만나기 쉽다. 예를 들어 아래의 차트를 보자. 골든크로스와 데드크로스가 빈번하게 반복되는 상태임을 알 수 있다.

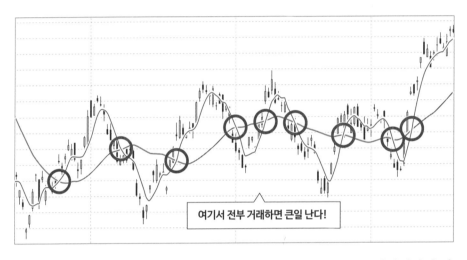

여기서 전부 거래하면 큰일 난다!

만약 이대로 골든크로스에서 매수하고 데드크로스에서 매도를 반복한다면 사고팔기를 수없이 되풀이해야 하므로 수익을 올리기 어려워진다.

가짜 신호가 너무 많네요!

그렇네요. 이러면 결국 이동평균선은 실전에서는 활용하지 못하는 것 아닌가요?

아닙니다, 절대 그렇지 않아요. 약점이 있음을 감안해도 이동평균선은 활용하기 쉬운 테크니컬 지표입니다.

■ 약점을 알아두고 신중하게 활용하자!

약점은 있지만 이동평균선이 대략적인 트렌드를 파악하는 데에 적합한 테크니컬 지표라는 사실은 변함없다. 약점을 알아두고 다음과 같이 신중하게 활용할 수 있다.

- 종목에 맞춰 이동평균선의 일수를 조정한다.
- 이동평균선 외의 테크니컬 지표를 함께 이용한다.
- 거래량을 함께 이용한다.

이동평균선 외의 테크니컬 지표와 거래량에 대해서는 3일째에 설명하겠다.

❖POINT❖

이동평균선을 활용하는 기본적인 방법은 두 가지다.

- 골든크로스와 데드크로스로 매수와 매도의 타이밍을 포착한다.
- 이동평균선의 방향을 보고 대략적인 트렌드를 파악한다.

이러한 활용법은 이해하기 쉬운 한편으로 다음과 같은 약점도 있는 것이 사실이다.

- 신호가 늦게 나타난다.
- 가짜 신호를 만나기 쉽다.

거의 모든 증권사의 차트 툴에서 이동평균선의 산출 일수를 바꿀 수 있으므로 종목의 움직임에 맞추어 5일 이동평균선이 아니라 10일 이동평균선을 사용하거나, 이동평균선 외의 테크니컬 지표를 함께 활용하는 등의 대응 방법을 마련하자.

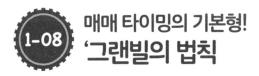

매매 타이밍의 기본형!
'그랜빌의 법칙

'법칙'이라니 주식의 프로 같아서 멋있네요~!

하하하. 그랜빌의 법칙에서는 지금까지 배운 봉차트와 이동
평균선을 이용합니다. 매매 타이밍을 구체적으로 제시하는
차트 분석에서는 기본적인 사고방식이지요. 1일째 공부의
마무리로 확실하게 배워 둡시다!

■ 주가와 이동평균선을 이용한 매매 타이밍의 기본

그랜빌의 법칙은 '조셉 E. 그랜빌(Joseph E. Granville)'이라는 사람이 고안했다.
그랜빌은 주가와 이동평균선의 관계에서 네 가지 매수 타이밍과 네 가지 매도 타이
밍을 발견하고 다음과 같이 정리했다.

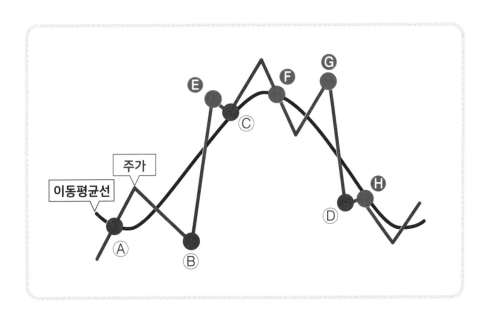

빨간색 그래프는 봉차트, 즉 현재의 주가다. 검은색 그래프는 이동평균선이다.

그랜빌의 법칙에서는 주가와 이동평균선의 관계가 Ⓐ~Ⓓ 중 하나가 되면 '매수', Ⓔ~Ⓗ 중 하나가 되면 '매도'라고 판단한다.

이제부터 각 타이밍을 살펴보겠다. 차트의 알파벳과 비교하며 생각해 보자.

매수 타이밍(빨간색 알파벳으로 표시)

Ⓐ 이동평균선의 하락이 점점 약해지는 단계에서 봉이 이동평균선을 골든크로스로 뚫고 올라가는 타이밍

Ⓑ 봉이 이동평균선보다 아래에 있지만 이동평균선이 상승하는 단계에서 일시적인 조정 국면에 들어간 타이밍

Ⓒ 이동평균선이 상승 경향인 한편, 봉은 하락 경향이지만 이동평균선 직전에 반등한 타이밍

Ⓓ 이동평균선이 하락 경향이고, 봉이 이동평균선과 멀어져 더 크게 하락한 타이밍

매도 타이밍(회색 알파벳으로 표시)

Ⓔ 이동평균선이 상승 경향이고, 봉이 이동평균선과 멀어져 더 크게 상승한 타이밍

Ⓕ 이동평균선의 상승이 점점 약해지는 단계에서 봉이 이동평균선을 데드크로스로 뚫고 내려간 타이밍

Ⓖ 봉이 이동평균선보다 위에 있지만 이동평균선이 하락하는 단계에서 일시적인 조정 국면에 들어간 타이밍

Ⓗ 이동평균선이 하락 경향인 한편, 봉은 상승 경향이지만 이동평균선 직전에 다시 하락한 타이밍

실제 차트를 보면 그랜빌의 법칙에 등장하는 각 타이밍에 들어맞는 움직임을 수없이 발견할 수 있습니다. 꼭 한 번 관찰해 보세요.

그랜빌의 법칙에 나오는 매매 타이밍에서 투자하면 성공할 가능성이 높아지나요?

물론 보장은 없지만 가능성은 높아집니다. 다만 포착하기 어려운 타이밍도 있지요.

■ 각 타이밍의 난이도가 다르다

매수 타이밍의 경우 Ⓐ와 ⓒ의 타이밍은 초보자라도 포착하기 쉬우므로 추천하지만, ⓒ와 Ⓓ의 타이밍은 난도가 높다.

매도 타이밍의 경우는 Ⓕ와 Ⓗ가 활용하기 쉽다. 주식을 보유하고 있을 때 Ⓕ와 Ⓗ의 매도 타이밍을 발견하면 매도를 검토해 보자.

실제로 활용하지 않는다고 해도, 이동평균선과 주가의 관계를 생각할 때 그랜빌의 법칙은 매우 큰 도움이 됩니다. 1일 차 공부의 마무리로 잘 기억해 둡시다.

❖POINT❖

그랜빌의 법칙에 나오는 매수 타이밍과 매도 타이밍에 거래하는 일은 난도가 높게 느껴질 수도 있다. 그렇다 해도 참고해야 할 점은 많다.

특히 매수 타이밍 중 Ⓐ와 ⓒ, 매도 타이밍 중 Ⓕ와 Ⓗ를 추천한다.

실제로 차트를 보면 해당되는 국면을 많이 찾아낼 수 있을 것이다.

차트 패턴으로 '앞날을 읽는 능력'을 기른다!

1일째에 공부한 주가 차트의 움직임을 더욱 깊이 들여다보자. 사실 차트의 움직임에는 '일정한 패턴'이 존재한다. 이 패턴을 숙지하면 주가의 변동을 미리 파악하는 일이 가능하다.

차트 패턴은 '앞날을 읽는 능력'의 양분

■ 차트에 나타나는 다양한 '형태'

차트 패턴이란 차트에 잘 나타나는 전형적인 형태를 가리킨다. 차트 패턴을 알아두면,

- 기회를 포착할 가능성이 높아진다
- 위기를 미리 감지할 가능성이 높아진다

다음과 같은 장점이 있으므로 여기서 잘 공부해 보자.

지금까지 공부한 봉 하나의 형태나 이동평균선에서 알아낼 수 있는 정보와는 무엇이 다른가요?

 활용하는 목적은 크게 다르지 않지만 활용하는 방법이 조금씩 다릅니다. 오늘 배울 차트 패턴은 차트의 형태를 기억해 뒀다가 나중의 주가 변동을 예측하는 접근법이에요.

 예를 들어 살펴보겠습니다.
제가 지금부터 그림을 그릴 텐데, 무슨 그림인지 예상되면 맞춰 보세요. 시작합니다.

별 그림!

정답입니다! 그럼 다음 문제.

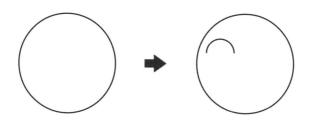

웃는 얼굴!

아~ 늦었다!

이처럼 그림을 그리는 도중이라도 최종적인 형태를 알면 그 다음에 어떤 선이 그려질지 알 수 있지요?

네, 맞아요.

차트 패턴도 마찬가지입니다. 전형적인 형태를 미리 기억해 두면, 그림을 그리는 도중이라도 그다음에 어떻게 될지 예측할 수 있다는 사실을 활용한 접근법이지요.

그렇구나. 차트에 잘 등장하는 형태를 기억해 두는 거군요!

차트 패턴은 그저 단순히 형태를 기억하면 되는 것이 아니다. 차트 패턴은 반드시 표본처럼 깔끔한 형태를 띠는 것은 아니므로, 단순히 형태를 기억하기만 했다가 실제 투자 단계에서 잘 활용하지 못하는 경우가 많다.

투자심리를 상상하고 '왜 차트가 이런 형태가 되었을까' 생각하며 차트 패턴을 공부하면 실전에서도 활용할 수 있는 기술이 된다.

2-02 이 신호가 나타나면 주식을 놓아주자!
헤드앤숄더

처음으로 배울 차트 패턴은 '헤드앤숄더'입니다. 이름이 형태를 말해 주지요

■주가가 최고로 상승했다가 하락으로 전환될 때 잘 나타나는 형태

헤드앤숄더(head and shoulder)는 주가가 최고점 부근까지 상승한 후 하락으로 전환될 때 잘 나타나는 형태다.

우선 어떤 형태인지 살펴보자.

이렇게 기본 형태는 가운데에 머리에 해당하는 큰 산이 있고, 그 양쪽에 어깨에 해당하는 작은 산이 두 개 있는 것이다.

차트에 이 형태가 나타나면 최고점이라고 생각해도 되나요?

이 형태가 나타났다고 해서 반드시 최고점인 것은 아닙니다.
다만 주가가 넥라인보다 아래로 내려가면 그 주식의 매수는 피하는 것이 현명합니다. 이미 보유하고 있다면 그 주식을 놓아주는 선택지를 생각하는 것이 좋고요.

넥라인……이 뭔가요?

■ 헤드앤숄더의 넥라인이란?

넥라인(neckline)이란 첫 번째 하락과 두 번째 하락 시의 저가를 연결한 선이다. 그리고 그 넥라인보다 주가가 아래로 내려간 지점을 빨간 원으로 표시한 부분이 매도 신호다.

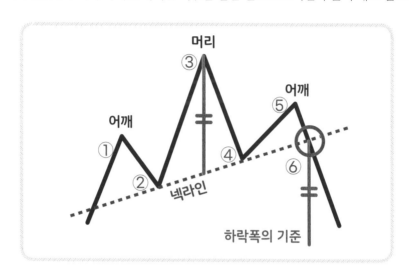

2일째

차트 패턴으로
앞날을 읽는 능력을 기른다!

번호로 나타낸 각 단계를 살펴보겠다.

① 거래량이 증가하면서 첫 번째 산이 생겨난다(어깨를 형성).

② 첫 번째 산이 형성된 후 주가가 약간 조정된다.

③ 그 후 반등해서 다시 거래량이 증가하며 고가를 기록한다(머리를 형성).

④ 머리를 형성한 다음 주가가 하락해서 골짜기가 생긴다.

⑤ 세 번째 상승이 관찰되지만, 이때는 거래량이 그다지 증가하지 않으며 최고점에 다다르지도 않은 채 다시 하락한다.

⑥ 주가가 넥라인보다 아래로 내려가면서 상승 트렌드가 끝난다.

그리고 넥라인에서 최고점까지의 폭이 하락폭의 기준이라고 생각할 수 있다. 다만 어디까지나 기준일 뿐이며, 그만큼 하락했다는 이유만으로 그 주식을 사는 일은 피하자.

■ 실제 차트의 헤드앤숄더

실제 차트의 헤드앤숄더를 관찰해 보자.

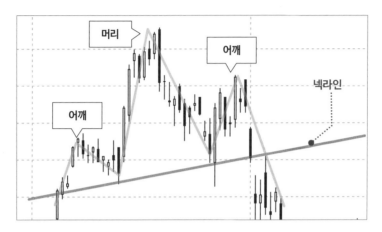

그렇군요. 이해하기 쉽네요.

이건 헤드앤숄더뿐만이 아니라 차트 패턴 전반에 해당되는 이야기인데, 차트 패턴은 그 형태가 나타나고 나서 조금 시간이 지났을 때 비로소 '헤드앤숄더 형태였구나' 하고 깨닫는 경우가 많습니다.
일찍 패턴을 발견하기 위해서는 차트를 많이 들여다보는 공부가 필요해요

❖POINT❖

헤드앤숄더는 천장권에서 자주 나타나는 형태다.
상승 트렌드라도 헤드앤숄더의 형태를 발견했을 때는 주의하자.
또 차트 패턴을 일찍 알아차리는 데에는 수많은 차트를 관찰하는 공부가 효과적이다.

2-03 바닥을 치고 반등 시작!? 역헤드앤숄더

■ 헤드앤숄더가 뒤집힌 형태

천장권에서 나타나는 헤드앤숄더 다음으로 살펴볼 형태는 바닥권에서 나타나는 역헤드앤숄더다.

바닥권에서 나타나는 역헤드앤숄더는 헤드앤숄더를 위아래로 뒤집은 형태입니다. 지금부터 살펴보죠.

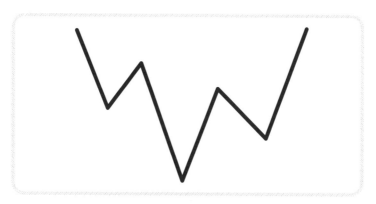

정말이네요. 아까 본 형태의 반대예요.

이건 세트로 기억하면 좋겠네요.

이 형태에서도 주가가 넥라인을 지나는 부분이 신호인가
요?

예리하시네요! 그렇습니다.

■ 역헤드앤숄더의 넥라인

역헤드앤숄더에서는 주가가 넥라인을 뚫고 위로 올라가는 때가 매수 타이밍이
다. 상승폭의 기준은 넥라인에서 저점까지의 폭이다.

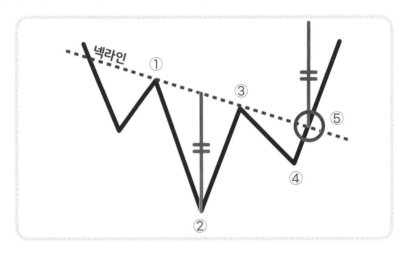

각 단계를 살펴보자.

① 하락 트렌드로 첫 번째 골짜기가 형성된 후 약간 반등한다.

② 약간 반등했으나 다시 매도가 이루어져 저가를 경신한다.

③ 저가를 기록한 후 거래량이 늘며 조금 반등한다.

④ 다시 하락하나 ②의 저가에 다다르기 전에 하락세가 약해지고 상승으로 전환된다.

⑤ 주가가 넥라인을 뚫고 올라가면서 하락 트렌드가 끝나고 매수 신호가 된다
(빨간 원 부분).

■ 실제 차트의 역헤드앤숄더

역헤드앤숄더를 실제 차트에서 관찰해 보자. 빨간색으로 표시한 부분이 매수 지점으로 그 후 주가가 상승하고 있음을 알 수 있다.

넥라인

넥라인을 뚫고 올라감
= 매수 신호

정말이네요. 상승하고 있어요.

그렇지요? 다만 상승폭은 어디까지나 기준입니다. 빨간 원 부분에서 주식을 산 후 어느 지점에서 수익을 확정할지에 대해서는 사람마다 생각이 다릅니다.
어디서 매도하느냐에 따라 수익에 큰 차이가 생기므로 매도 전략은 아주 중요해요. 매도 전략은 6일째 수업에서 자세히 설명하겠습니다.

2일째

차트 패턴으로
앞날을 읽는 능력을 기른다

❖POINT❖

역헤드앤숄더는 바닥권에서 나타나는 차트 패턴이다. 기본은 헤드앤숄더를 위아래로 뒤집은 형태라고 생각하자.

또 스윙트레이드에서 수익을 올리기 위해서는 어디에서 수익을 확정하느냐가 중요하다는 사실을 기억해 두자.

2-04 주가의 바닥과 천장에서 나타난다!
더블탑과 더블바텀

■ 두 가지 형태가 있다

더블탑(double top)과 더블바텀(double bottom)은 헤드앤숄더 및 역헤드앤숄더와 마찬가지로 천장권과 바닥권에서 나타나는 두 가지 형태다.

 이름 그대로 아래와 같은 형태입니다.

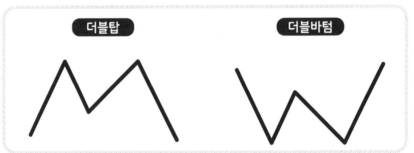

더블탑

더블바텀

이름과 똑같은 형태네요.

 그렇습니다. 천장권이나 바닥권에서 이 형태가 나타나면 트렌드가 전환될 가능성을 생각할 필요가 있지요.

트렌드가 전환될 가능성을 생각해야 하는 이유는 더블탑의 경우 주가가 첫 번째 고가보다 더 높이 올라가지 못하므로 매수세가 강하지 않다고 볼 수 있기 때문이다. 반대로 더블바텀의 경우는 주가가 첫 번째 저가보다 더 내려가지 않으므로 매도세가 강하지 않다고 볼 수 있다.

이렇듯 매수하는 힘과 매도하는 힘의 관계를 생각하며 관찰하면 좋다.

다만 신뢰도는 헤드앤숄더와 역헤드앤숄더가 더 높다고 생각해야 합니다.

신뢰도는 헤드앤숄더나 역헤드앤숄더보다 낮지만, 차트에 더 자주 나타나는 것은 더블탑과 더블바텀 쪽이다.

■ 실제 차트의 더블바텀

더블바텀을 실제 차트에서 관찰해 보자.

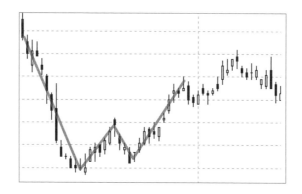

차트를 보면 깔끔한 W자 모양은 아니네요.

 그렇지요. 이 패턴뿐만이 아니라, 실제 차트에서는 교과서처럼 정확한 차트 패턴이 나타나는 일은 드뭅니다. 또 차트 패턴이 아주 짧은 기간 동안 형성되는 경우도 있고, 오랜 기간 동안 형성되는 경우도 있습니다.

❖POINT❖

더블탑과 더블바텀은 각각 천장권과 바닥권에서 나타나는 차트 패턴으로 주가의 전환을 암시한다. 헤드앤숄더보다는 신뢰도가 낮지만, 매수세와 매도세를 생각하는 일은 공부가 된다.

더블탑과 더블바텀뿐만이 아니라 모든 차트 패턴은 차트에서 깔끔한 형태로 나타나는 일이 드물다.

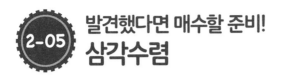

발견했다면 매수할 준비!
삼각수렴

삼각수렴은 신뢰도도 높고 차트에서도 잘 나타나는 형태다. 매수 타이밍을 포착할 때도 사용할 수 있는 활용 가치가 높은 차트 패턴이다.

삼각수렴은 실전에서 특히 도움이 되는 형태입니다.

이런 걸 기다리고 있었어요. 기대되네요.

■ 삼각수렴의 기본 형태

삼각수렴의 기본 형태는 다음과 같다. 고가와 고가, 저가와 저가를 연결하면 삼각형이 된다고 해서 삼각수렴이라고 한다.

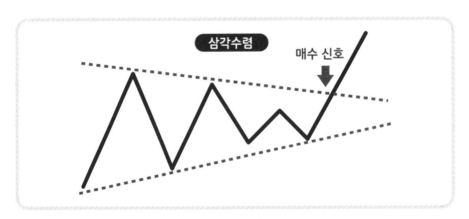

위의 그림에서 검은 선은 주가의 움직임, 갈색 점선은 보조선이다. 물론 보조선은 자신이 직접 그릴 필요가 있다.

핵심은 주가의 상하 변동이 서서히 작아진다는 점이다.

그리고 주가가 최종적으로 위와 아래의 보조선 중 무엇을 뚫느냐가 중요하다. 위를 뚫고 올라가면 매수, 아래를 뚫고 내려가면 매도 신호다.

그리고 보조선 중 위의 선을 뚫고 올라가거나 아래의 선을 뚫고 내려가는 일을 '돌파'
라고 한다.

보조선은 트렌드 라인(56페이지 참고)과 비슷하네요?

맞습니다. 고가와 고가, 저가와 저가를 연결하는 것은 트렌
드라인과 똑같아요.
다만 삼각수렴은 명확한 트렌드가 발생하지 않을 때 나타나
는 형태입니다. 위로 뚫고 올라가면 그때부터 상승 트렌드가
시작되고, 아래로 뚫고 내려가면 그때부터 하락 트렌드가
시작되는 경우가 많습니다.

삼각수렴은 형태에 따라 여러 종류가 있다. 강한 삼각수렴과 약한 삼각수렴을
공부해 보자.

2일째
차트 패턴으로
앞날을 읽는 능력을 기른다

■ 강세 삼각수렴

강세 삼각수렴은 다음과 같은 형태다.

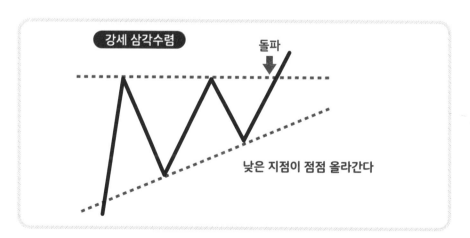

주가의 변동 폭이 서서히 좁아진다는 사실은 똑같지만, 그래프의 높은 지점은 거
의 변화가 없고 낮은 지점은 점점 올라가는 것이 핵심이다. 이 형태를 발견했을 때
는 위쪽으로 돌파할 타이밍을 준비하면 좋다.

실제 차트의 강세 삼각수렴

강세 삼각수렴을 실제 차트에서 관찰해 보자. 돌파 후 상승세가 됨을 알 수 있다.

돌파 후 상승 트렌드 진입

강세 삼각수렴을 발견하면 기회가 온 거군요. 기억해 두겠습니다.

■ 약세 삼각수렴

약세 삼각수렴은 다음과 같은 형태다.

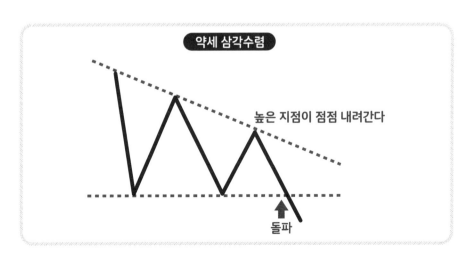

약세 삼각수렴

높은 지점이 점점 내려간다

돌파

약세 삼각수렴도 주가 변동의 폭이 점점 좁아지지만, 그래프의 높은 지점이 점점 내려가는 것이 핵심이다. 지지선이 되는 보조선을 뚫고 내려간 후 하락 트렌드에 진입할 가능성이 있다.

실제 차트의 약세 삼각수렴

약세 삼각수렴을 실제 차트에서 관찰해 보자. 돌파 후 하락 트렌드에 진입함을 알 수 있다.

지지선을 뚫고 내려간다
= 하락 트렌드 진입

삼각수렴은 차트 패턴 중에서도 유명하고, 쉽게 활용할 수 있는 편이기 때문에 추천합니다. 또 출현 빈도도 높아서 차트에서 자주 관찰할 수 있지요.

정말 실제로 활용할 수 있을 것 같아요.

❖POINT❖

주가의 변동 폭이 서서히 좁아지는 삼각수렴 차트 패턴을 발견했다면 그 후 트렌드가 발생할 가능성이 있다.

고가를 연결한 선을 돌파하는 타이밍에서 매수하는 것이 기본 전략이며, 특히 활용하기를 추천하는 차트 패턴 중 하나다.

2패턴 전략으로 활용한다!
'박스권'

 박스권은 삼각수렴과 비슷한 느낌의 차트 패턴인데, 주가가 일정한 범위 내에서 움직이는 것이 핵심입니다.

■ 박스권의 기본 형태

이처럼 일정한 범위 내에서 주가가 움직이는 것이 박스권의 전형적인 형태다. 박스권의 활용법에는 크게 두 종류가 있다. 각 방법을 살펴보자.

박스권의 활용법 ① 돌파를 활용한다

박스권을 활용하는 방법 중 하나는 삼각수렴과 마찬가지로 돌파를 주목하는 것이다.

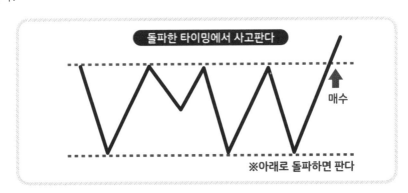

돌파한 타이밍에서 사고판다

매수

※아래로 돌파하면 판다

　박스권의 위아래 보조선 중 무엇을 돌파했느냐에 따라 매수와 매도의 타이밍을 포착하는 방법이다.

　박스권에서 움직일 때 주가는 위나 아래로 움직이기 어려운 제자리걸음 상태라고 생각할 수 있다. 또 이 제자리걸음 상태가 길면 길수록 그 후 큰 트렌드가 형성되기 쉽다.

박스권의 활용법 ② **상한선에서 팔고 하한선에서 산다**

　다음으로 박스권의 상한선에서 팔고 하한선에서 사는 방법을 살펴보자.

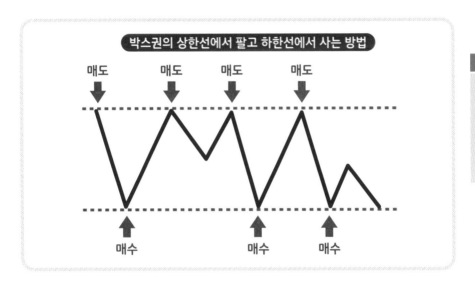

　이 방법은 단순히 박스권의 하한선에서 주식을 사서 상한선에서 판다는 전략이다. 주가가 박스권에서 계속 움직인다면 몇 번이고 수익을 올릴 수 있다.

　이러한 주가의 상한선과 하한선은 저가 전망과 고가 전망이라고도 한다(전망이라는 용어는 100페이지에서 자세히 설명).

■ 돌파 타이밍의 활용이 기본

어느 활용법이 좋을까요?

기본적으로는 돌파 타이밍을 활용하는 것을 추천합니다.

박스권의 경우 기본적으로는 돌파 타이밍을 활용하는 것을 추천한다. 박스권 상태가 계속될 리는 없기 때문이다.

또 박스권이 형성되어 있음을 알아차린 시점에서 **박스권의 활용법 ②** 의 매매 타이밍은 여러 번 지나간 것이다. 박스권을 발견했을 때 앞으로 몇 번 올지 알 수 없는 매매 타이밍에서 수익을 노리기보다는 트렌드가 발생할 때 그 트렌드에 올라타는 전략이 초보자에게는 더 이해하기 쉽고 실천하기도 쉽다.

■ 실제 차트의 박스권

박스권을 실제 차트에서 관찰해 보자. 이 차트의 예에서는 돌파 후 크게 상승했음을 알 수 있다.

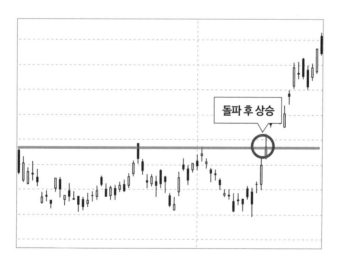

돌파 후 상승

 박스권의 차트 패턴을 발견했을 때는 그 주식을 매수할 준비를 해 두고, 돌파하는 순간을 노려서 매수하면 좋습니다.

2-07 전설의 투자자도 사랑한 차트 패턴! '컵위드핸들'

 다음은 컵위드핸들이라는 차트 패턴입니다. 미리 말하자면 이 차트 패턴, 상당히 추천합니다.

■ 컵위드핸들의 기본 형태

컵위드핸들(cup with handle)은 '바닥권에서 나타날 경우 그 후 상승 트렌드가 예상되는 패턴'이라고 설명하는 경우가 많은데, 활용 방법은 거기에만 한정되지 않는다.

고가를 경신할 때 등 상승 트렌드의 한가운데에서도, 이 차트 패턴이 발견된다면 주가가 더 상승할 가능성이 있다. 우선 형태를 확인해 보자.

번호로 나타낸 각 단계를 살펴보겠다.

①	하락 트렌드가 끝나갈 때 바닥을 친 주가가 서서히 상승으로 전환되고, 한 번 거래량이 증가하면서 상승한다.
②	그대로 상승할 줄 알았지만 다시 한번 하락한다.
③	그 후 계속 하락하는 것이 아니라 커피잔의 손잡이 모양을 그린다. 잠시 제자리 걸음하는 기간을 거친다.
④	마지막으로 상승해서 ②의 고가를 돌파한다(빨간색으로 표시한 부분).

이렇게 움직이는 차트가 컵위드핸들의 전형적인 차트 패턴이다.

커피잔(컵)의 손잡이(핸들)를 닮은 형태라고 해서 이름이 컵위드핸들이다. 첫 상승까지가 컵 그리고 하락했다가 다시 치고 올라오는 부분이 손잡이다.

이름이 재미있네요. 기억하기 쉽겠어요.

그렇지요. 컵위드핸들은 세계적으로 유명한 투자자 중에도 애용하는 사람이 있는 유명한 형태입니다.

■ 컵위드핸들의 활용법

컵위드핸들의 활용법은 핸들을 형성하고 처음의 고가보다 더 올라가는 타이밍에서 매수하는 것이 일반적이다(95페이지 차트의 빨간 원). '돌파'와 똑같다.

기본적으로는 주가가 하락한 바닥권에서 상승으로 전환되는 차트 패턴의 형태로 활용한다.

바닥권 외의 경우

컵위드핸들은 바닥권이 아닐 때에도 나타난다.

매수 타이밍도 알기 쉬우므로 형태를 기억해 뒀다가 실전에서 이용할 수 있도록 하자.

> 바닥권이 아닐 때 컵위드핸들은 어떤 상황에서 나타나나요?

> 예를 들어 주가가 신고가를 기록했을 때에도 잘 나타납니다.

신고가란 지난 일정 기간 동안의 고가를 경신했다는 뜻으로, 쉽게 말해 고가의 신기록이다. 또 신고가를 돌파한 후 주가가 그대로 계속 상승하는 일이 상당히 흔하다.

이렇게 신고가를 기록했을 때 컵위드핸들 차트 패턴이 나타날 것 같다고 느꼈다면, 주식을 구입할 준비를 하면 좋다.

■ 신고가를 경신할 때 컵위드핸들의 형태

다음 차트는 신고가를 경신할 때 컵위드핸들의 형태다. 첫 고가보다 더 상승할 때 매수하면 수익을 올릴 수 있다.

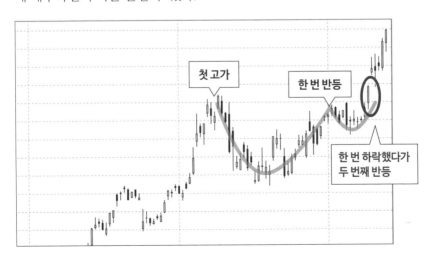

■ 거래량도 함께 보자

컵위드핸들 차트 패턴을 발견했을 때는 거래량의 추이도 함께 확인하자. 이상적인 거래량의 움직임은 다음과 같다.

① 서서히 거래량이 늘면서 첫 번째 고가를 기록한다.
② 첫 번째 고가 때 거래량도 함께 최고점을 기록한다.
③ 조정 국면에서 거래량도 감소한다.
④ 두 번째 고가를 기록하는 타이밍에서 거래량도 대규모가 된다.

어디까지나 이상적인 경우이기는 하지만, 거래량의 움직임을 확인함으로써 성공률을 더 높일 수 있다.

컵위드핸들일 때를 물론 포함해서, 돌파를 보고 매수를 판단할 때는 거래량을 함께 확인하면 성공률을 높일 수 있으니 꼭 그렇게 해 보세요.

네, 알았습니다.

❖POINT❖

컵위드핸들은 실전에서도 잘 관찰되며 활용 가치도 높은 차트 패턴이라고 할 수 있다. 바닥권에서 주가가 반전되는 신호로 활용하는 것이 일반적이지만 신고가가 경신될 때에도 나타난다.

또 돌파 타이밍에서 주식을 매수할 때는 거래량에 주의를 기울임으로써 성공률을 향상할 수 있다.

Column   전설적인 투자자도 사랑한 차트 패턴

컵위드핸들은 윌리엄 J. 오닐(William J. O'Neil)이라는 미국의 전설적인 투자자도 애용한 투자 패턴으로 유명하다.

주식투업계에서 40년 동안 계속해서 성공을 거둔 투자자 오닐은 100만 부가 넘게 팔린 베스트셀러도 출판했으며, 이 책에 컵위드핸들이 소개되어 있다.

차트에 갑자기 나타나는 빈 공간, '갭'을 공부하자

 차트를 보면 봉과 봉 사이에 **큰 공간**이 있는 경우가 있습니다.
이것을 갭이라고 하는데, 봉차트의 경우 뉴스 등으로 인해 어느 날의 종가와 그다음 날의 시가에 커다란 차이가 있을 때 나타나지요.

갭

 갭은 이렇게 출현합니다.

아, 이게 갭이군요. 본 적 있어요.

저도요.

큰 갭도 있고 작은 갭도 있습니다.
하락할 때 관찰되는 아래쪽의 갭도 있고, 앞 페이지의 차트처럼 상승할 때 관찰되는 갭도 있지요. 이번에는 특히 **상승할 때 나타나는 갭**을 살펴봅시다.

■ 상승할 때 나타나는 갭

일봉 차트에서 어느 날의 시가가 그 전날의 종가를 크게 웃돌 때 관찰되는 갭을 공부해 보자. 갭을 두고 크게 상승한 봉을 발견했을 때 생각해야 할 것이 '갭 메우기 법칙'이다.

이것은 갭을 동반하며 폭등했더라도 결국 주가는 그 갭을 메우는 방향으로 움직인다는 뜻이다. 예를 들어 아래의 차트를 보자.

주가가 갭을 만들며 거침없이 상승했지만, 결국 조정이 이루어져 갭을 메우는 움직임을 보이고 있다.

그리고 갭을 메운 뒤에는 다시 주가가 상승하는 것이 갭 메우기 법칙의 개요다. 다시 말해,

- 갭을 동반하는 상승을 발견하면, 갭 메우기 법칙이 끝났을 때 그 주식을 사면 좋다.

다음과 같이 생각할 수 있다.

이해하기 쉽네요! 꼭 활용해 보고 싶어요.

다만 갭을 메우지 않고 주가가 그대로 상승하는 경우도 꽤 있습니다.

갭을 메우지 않고 주가가 그대로 상승했을 때

갭을 메우지 않고 주가가 그대로 상승하는 경우도 있다.

이 경우에는 매우 강력한 매수세를 느낄 수 있으므로, 갭이 메워지지 않음을 알아 차린 시점에서 매수하는 전략도 효과적이다.

2일째

갭이 생기면서 주가가 상승할 때는 강력한 매수세를 느낄 수 있습니다. 갭을 발견했을 때는 갭 메우기 법칙이 실현된 후 상승하거나, 갭을 메우지 않고 그대로 상승할 것이라고 생각 하면 됩니다.

반드시 상승한다고 생각하면 되는 건가요?

아뇨, 주식시장에 '반드시'는 없습니다. 어떤 때라도 반대 방 향으로 움직일 가능성을 생각하며 투자해야 해요.

'손절'이군요!

❖POINT❖

갭을 동반하며 상승하는 봉을 발견했을 때는 강력한 매수세를 느낄 수 있다.

갭 메우기 법칙을 참고해 매수 타이밍을 고려하거나, 그대로 상승하는 흐름에 올라 타는 일을 고려하면 좋다.

물론 갭을 동반한 상승 후 그냥 하락하는 일도 있으므로 그때는 손절 등으로 대응 하자.

차트를 인쇄해서 차트 파일을 만들기를 강력하게 권한다. 나중에 검토할 때나 새로 공부할 때나, 차트를 인쇄해 두면 훨씬 효율적이기 때문이다.

가령 '이 차트 패턴은 매수 타이밍이다'라고 생각했다면 그 차트를 인쇄해 두는 것이다.
나중에 주가를 보고 자신의 예측이 맞았는지 확인할 수도 있고, 예측대로 유용한 타이밍이었다면 나중에 비슷한 차트를 봤을 때 '아, 인쇄해 둔 그 차트와 똑같은 형태네'라고 알아차리기 쉽다.
차트에 트렌드 라인을 그리거나 메모를 할 수도 있다. 차트 파일을 만드는 일은 경험을 실전에 활용할 수 있는 기술로 바꾸는 데에 매우 효과적인 방법이다.

또 차트 파일과 동시에 만들어야 할 것이 트레이드 노트다. 실제로 트레이드하는 단계에서 활용하는 것은 물론이고, 그 전의 공부 단계부터 활용하기를 권장한다.
트레이드 노트에는 자신이 발견한 점을 전부 기록하자.

- 날짜
- 그때의 주가 상황
- 매수한 주식
- 매도한 주식
- 그때의 심리 상태
- 사야 한다고 생각한 이유
- 팔아야 한다고 생각한 이유

이렇게 해서 만든 트레이드 노트는 자신만의 교과서이며, 시판되는 책보다 활용 가치가 높다.
스윙트레이드에서는 매번 깨달은 점과 반성한 점을 다음 거래에 활용함으로써 기술이 빠르게 향상된다.

또 거래 횟수도 많기 때문에 조금씩만 개선이 이루어져도 결과의 차이가 매우 커진다. 깨달은 점과 반성한 점을 활용하기 위해 차트 파일과 트레이드 노트를 철저히 활용하는 일이 중요하다.

지표에서 '타이밍'이 보인다!

1일째에 배운 이동평균선은 테크니컬 지표의 일종이다. 이제부터 다른 테크니컬 지표들도 살펴보겠다.

테크니컬 지표는 다양할 뿐 아니라 전부 심오하기 때문에 모든 지표를 완벽히 배울 필요는 없다. 그리고 기본적인 지표 몇 가지를 제대로 활용하는 일을 목표로 삼자. 프로 트레이더들도 의외로 기본적인 테크니컬 지표만 사용하는 경우가 많다.

3-01 테크니컬 지표를 공부하자

다음은 테크니컬 지표입니다. 이미 테크니컬 지표를 하나 배웠는데, 기억하시나요?

네! 이동평균선이요.

정답입니다. 이동평균선은 테크니컬 지표 중에서 가장 유명한데, 그 외에도 정말로 다양한 테크니컬 지표들이 있어요.

■ 지표는 매매 타이밍을 알려준다

2일째에 배운 차트 패턴은 '앞날의 전망'을 알려준다. 한편 테크니컬 지표는 '언제가 살 때일까?'라는 타이밍을 고민할 때 신호를 제시해 준다.

기본적인 테크니컬 지표를 배우고 매수 타이밍과 매도 타이밍을 포착하는 훈련을 하자.

이 책에서 공부할 지표

우선 1일째에 등장한 '이동평균선'과 마찬가지로 '트렌드 계열 테크니컬 지표'에 속하는 '일목균형표' 'MACD'부터 배울 것이다. 앞에서 설명했듯 트렌드 계열 지표를 함께 활용하면 봉차트만 보고 트렌드를 추적할 때보다 더 높은 정확성을 기대할 수 있다.

다음으로 '오실레이터 계열 테크니컬 지표'를 배울 것이다. 이것은 과도한 매수와 과도한 매도를 판별하는 지표다. 구체적으로는 'RSI' '이격도'를 공부할 것이다. 마지막으로는 거래량 계열 테크니컬 지표도 함께 설명하겠다.

3-02

세 가지 관계로 '지금'을 읽어낸다!
'일목균형표'

일본에서 탄생한 트렌드 계열 테크니컬 지표인 '일목균형표'부터 살펴봅시다. 이 책의 활용법은 저자 개인의 견해이며, 일목균형표의 공식적인 사용법과는 다른 부분도 많습니다

■ 일목균형표를 차트에 나타내자

일목균형표를 차트에 나타내면 이런 모습이다.

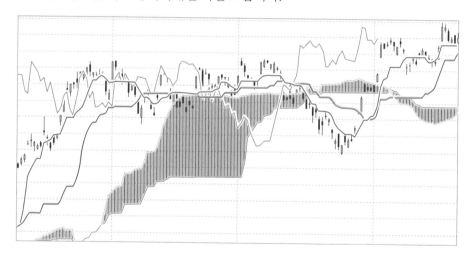

3일째

지표에서 '타이밍'이 보인다!

이, 이게 뭐죠……?

복잡해서 하나도 모르겠어요.

처음에는 그렇게 느낄 수도 있습니다.
하지만 의미를 알면 아주 이해하기 쉬운 지표예요. **일목균형표에서는 크게 세 가지 관계를 보고** 트렌드와 매수 타이밍을 포착해 나갑니다.

■ 크게 나누어 다섯 가지 선이 있다

일목균형표에는 크게 나누어 다섯 가지 선이 있다. 각 선과 그 지수가 어떻게 산출되는지 살펴보자.

기준선	지난 26일간(당일 포함)의 최고가와 최저가의 평균값을 산출해서 연결한 선
전환선	지난 9일간(당일 포함)의 최고가와 최저가의 평균값을 산출해서 연결한 선
선행스팬 ①	기준선과 전환선의 평균값을 26일 후의 위치에 그린 꺾은선 그래프
선행스팬 ②	지난 52일간(당일 포함)의 최고가와 최저가의 평균값을 26일 후의 위치에 그린 꺾은선 그래프
후행스팬	현재의 주가를 단순히 26일 전의 위치에 그린 꺾은선 그래프

초보 시절부터 이 지수들의 산출 방법을 기억할 필요는 없지만 각 선이 무엇인지는 알아두자.

그리고 선행스팬1과 선행스팬2 사이의 사선으로 표시된 부분을 '구름'이라고 한다. 그러면 각 선의 사용법을 공부해 보자.

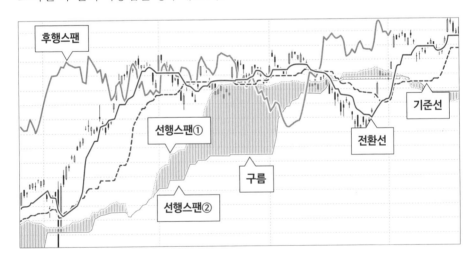

(일목균형의 활용법 ①) 기준선과 전환선의 관계를 본다

일목균형표도 이동평균선과 마찬가지로 두 선의 관계를 통해 트렌드와 매매 타이밍을 포착한다.

전환선이 기준선을 위로 뚫고 올라가면 매수(호전), 아래로 뚫고 내려가면 매도(역전)이라고 판단하는 것이다. 일목균형표에서는 골든크로스를 '호전', 데드크로스를 '역전'이라고 부르는 경우도 있지만 호칭은 특별히 중요하지 않다. 차트에서 살펴보자.

이 차트는 일목균형표 차트에서 기준선과 전환선만 남긴 차트다.

차트를 관찰하다 보면 가짜 신호도 있지만, 주가가 상승할 때는 전환선이 기준선보다 위에서 움직임을 알 수 있다.

그 외에도 '전환선이 기준선보다 위에 있으면 상승 트렌드' 등으로 활용할 수 있습니다.

기준선과 전환선의 관계

기준선과 전환선의 관계	투자 판단의 표준
전환선이 기준선을 뚫고 올라간다	매수 신호
전환선이 기준선보다 위에 있다	상승 트렌드
전환선이 기준선보다 아래에 있다	하락 트렌드
전환선이 기준선을 뚫고 내려간다	매도 신호

흠. 일목균형표의 활용법은 이동평균선과 비슷한 느낌인 것 같네요.

맞아요. 이제부터 후행스팬과 26일 전 주가의 관계도 마찬가지로 살펴보겠습니다.

일목균형표의 활용법 ②

후행스팬과 26일 전 주가의 관계를 본다

후행스팬과 26일 전 주가의 관계를 살펴보자. 후행스팬은 단순히 그날의 종가를 26일 전으로 옮겨서 그린 선이다. 다시 말해 그날의 종가와 26일 전의 종가를 비교할 수 있다. 가령 후행스팬이 주가보다 위에 있으면 '오늘의 종가는 26일 전보다 높다'라는 식으로 비교할 수 있다.

후행스팬과 26일 전 주가의 관계에서 신호를 찾아보자.

후행스팬이 26일 전 주가보다 호전되면 매수 신호, 위에 있으면 상승 트렌드라는 것이 일반적인 활용법이다. 그 반대는 각각 매도 신호와 하락 트렌드다.

후행스팬과 26일 전 주가의 관계

후행스팬과 26일 전 주가의 관계	투자 판단의 표준
후행스팬이 26일 전 주가를 뚫고 올라간다	매수 신호
후행스팬이 26일 전 주가보다 위에 있다	상승 트렌드
후행스팬이 26일 전 주가보다 아래에 있다	하락 트렌드
후행스팬이 26일 전 주가를 뚫고 내려간다	매도 신호

처음에는 복잡한 선으로만 보였지만 기본적인 활용법을 알고 나니까 쉽네요.

일목균형표의 활용법 ③ 현재 주가와 구름의 관계를 본다

일목균형표의 관계 중 세 번째는 현재 주가와 구름의 관계다. 구름을 보고 저가 전망과 고가 전망을 생각할 수 있다.

구름이 뭔가요?

 구름이란 두 선행스팬 사이의 공간입니다(106페이지 참고). 차트에서는 이렇게 세로 줄무늬나 사선으로 나타내는 일이 많지요

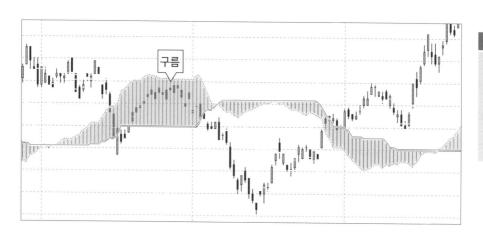

구름

3일째

지표에서 '타이밍'이 엿보인다

여기에도 골든크로스와 데드크로스가 있나요?

 그런 활용법도 있지만, 저가 전망과 고가 전망을 생각할 때 잘 쓰입니다.

주가의 전망에 활용한다

주가가 하락하고 있을 때 '이쯤에서 주가의 하락이 멈출 것 같다'라고 예측되는 선을 저가 전망이라고 한다. 반대로 상승할 때는 고가 전망이 존재한다. 하락하거나 상승한 채로 잠시 머물 듯한 가격대를 생각하면 된다.

예를 들어 '매수 타이밍이 왔다!'라는 생각이 들 때는 일목균형표를 띄워 놓고 현재 가격과 구름의 관계를 확인해 보자.

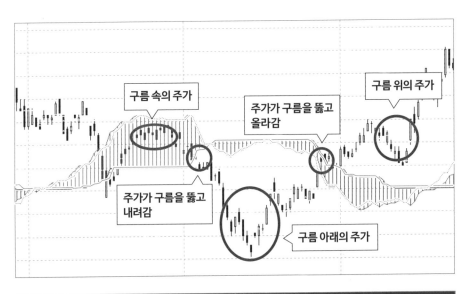

현재 주가와 선행스팬의 관계	투자 판단의 표준
주가가 구름의 상한선을 뚫고 올라간다	매수 신호
주가가 구름보다 위에 있다	구름을 지지선으로 삼은 상승 트렌드
주가가 구름 속에 있다	중립
주가가 구름보다 아래에 있다	구름을 저항선으로 삼은 하락 트렌드
주가가 구름의 하한선을 뚫고 내려간다	매도 신호

◎ 주가 바로 위에 구름이 있는 경우

현재 주가의 바로 위에 구름이 있는 경우는 고가 전망이 눈앞에 다가왔다고 생각할 수 있다.

고가 전망이 바로 가까이 다가온 타이밍에서는 주식을 구입한다 해도 고가 전망 지점에서 상승이 멈춰 버리면 수익을 올릴 수 없다.

일목균형표를 볼 때 현재 주가의 바로 위에 구름이 있다면 주식을 사지 않는 쪽이 좋다고 판단하자.

◎ 주가 바로 아래에 구름이 있는 경우

현재 주가의 바로 아래에 구름이 있는 경우는 구름이 곧 저가 전망이라고 생각할 수 있다.

만약 매수한 후 주가가 하락한다 해도 저가 전망의 지점에서 하락이 멈출 가능성이 높다고 생각하면 다소 안심하고 매수할 수 있다. 이처럼 일목균형표의 구름을 고가 전망과 저가 전망으로 활용하는 일이 가능하다.

지금까지 일목균형표의 세 가지 활용법을 살펴봤습니다. 세 가지 관계 중 가장 중시해야 할 것은 기준선과 전환선의 관계입니다. 보합 상태일 때는 가짜 신호가 많으므로 주의합시다.

■ 그 외의 일목균형표 활용법

그리고 구름이 얇아지면 트렌드가 전환되기 쉽다는 점도 기억해 두세요.

어? 무슨 뜻인가요?

다음 차트를 봅시다. 이 차트에서는 구름의 폭이 좁아지는 곳에서 갑자기 주가가 위로 뚫고 올라가며 장세가 전환되는 모습이 보입니다.

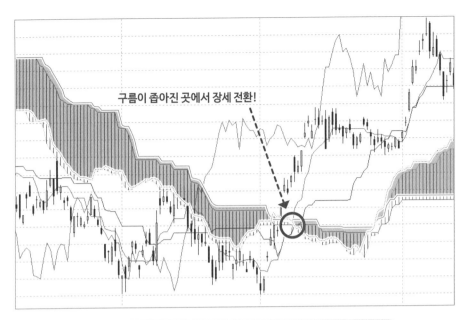

구름이 좁아진 곳에서 장세 전환!

정말이네요. 구름이 두꺼운 곳보다 얇은 곳에서 전환이 일어나기 쉬운 건가요?

네, 그렇게 생각하면 됩니다

두꺼운 구름의 신호

현재 주가가 구름보다 아래에 있고 구름이 두꺼운 경우에는 대규모의 매도가 기다리고 있다고 생각할 수 있다.

반대로 현재 주가의 아래에 두꺼운 구름이 있다면 매수하고자 하는 투자자들이 많이 기다리고 있다고 생각할 수 있다.

❖POINT❖

이 책에서 설명한 일목균형표의 활용법은 저자 개인의 견해이며, 일목균형표의 공식적인 활용법과는 다른 부분이 많다. 일목균형표를 공부할 때는 공식 홈페이지 '경제변동종합연구소'에서 일목균형표를 개발한 사람의 저서를 구입하기를 권한다.

경제변동종합연구소

➡ http://www.ichimokukinkouhyou.jp/

가짜 신호가 적은 훌륭한 지표!
'MACD(맥디)'

MACD는 가짜 신호도 적고 활용법도 간단해서 **초보자에게도 강력 추천**하는 테크니컬 지표입니다. 활용 방법을 배운 후 실제로 차트 툴에서 표시해서 어떤 트렌드인지 확인해 봅시다.

■ MACD를 차트에 표시하자

그러면 MACD를 살펴보자. MACD는 봉차트 아래에 선 두 개로 표시되는 것이 일반적이다.

한 선을 MACD라고 하고, 다른 한 선을 MACD 시그널이라고 한다. MACD 시그널은 MACD의 평균선을 가리키며, 기본적으로는 MACD의 9일 평균선이 MACD 시그널로 사용된다.

알았다. 이것도 골든크로스와 데드크로스의 개념이죠?

그렇습니다. 다만 골든크로스와 데드크로스가 어느 위치에서 발생하느냐를 의식해서 성공률을 더 높일 수 있어요.

MACD와 0선의 위치 관계를 본다

MACD를 표시할 때 나타나는 선을 0선이라고 한다. 플러스마이너스 0이라는 이미지를 생각하면 된다.

이 선보다 아래 위치에서 MACD가 골든크로스를 이룬 타이밍은 매수 타이밍이라고 생각하자.

골든크로스 후 두 선이 0선을 뚫고 올라가면 상승 트렌드가 계속된다고 생각할 수 있다.

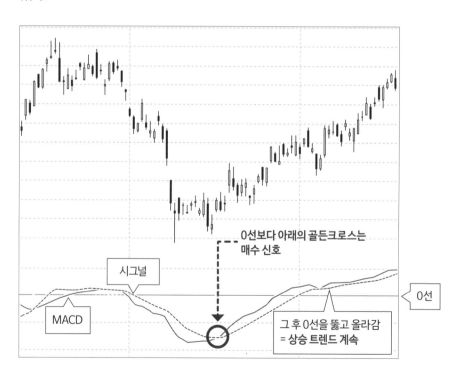

0선보다 아래의 골든크로스는 매수 신호

시그널

MACD

0선

그 후 0선을 뚫고 올라감 = 상승 트렌드 계속

그 외에도 MACD와 0선, 시그널의 관계를 보고 다음과 같이 판단할 수 있습니다.

MACD의 상황	판단의 표준
(MACD가 0보다 아래이며) MACD가 시그널을 뚫고 올라갔을 때	상승 트렌드 전환
MACD가 0을 뚫고 올라갔을 때	강한 상승 트렌드가 계속되는 중
MACD > 시그널	상승 트렌드가 계속되는 중
(MACD가 0보다 위이며) MACD가 시그널을 뚫고 올라갔을 때	한 번 상승한 후 다시 상승 트렌드 전환 신호(가짜 신호 주의)
(MACD가 0보다 아래이며) MACD가 시그널을 뚫고 내려갔을 때	한 번 하락한 후 다시 하락 트렌드 전환 신호(가짜 신호 주의)
MACD < 시그널	하락 트렌드가 계속되는 중
MACD가 0을 뚫고 내려갔을 때	강한 하락 트렌드가 계속되는 중
(MACD가 0보다 위이며) MACD가 시그널을 뚫고 내려갔을 때	하락 트렌드 전환

　표를 암기하려고 하면 조금 어려울 수 있지만, 중요한 부분을 정리하면 다음과 같다.

- 낮은 위치에서 골든크로스가 이루어지면 매수
- 높은 위치에서 데드크로스가 이루어지면 매도

이 두 가지를 기억해 두자.

　그리고 MACD는 비교적 가짜 신호가 적다고 평가되는 테크니컬 지표이지만, 시장 전체가 교착 상태일 때는 골든크로스와 데드크로스가 반복되는 가짜 신호가 나오기 쉬우며, 신호가 늦게 나오는 경향도 있으므로 주의할 필요가 있다.

3일째

지표에서 타이밍이 보인다

❖POINT❖

　MACD는 가짜 신호가 적고 활용하기 쉬운 테크니컬 지표다. 기본은 낮은 위치의 골든크로스 타이밍을 포착하는 활용법이다.

　다만 가짜 신호가 전혀 없는 것은 아니다. 다른 테크니컬 지표와 함께 사용하거나 거래량을 고려하는 등 주의해서 활용하자.

 **'오실레이터 계열' 테크니컬 지표란?**

이제부터 '오실레이터 계열'이라고 하는 테크니컬 지표를 공부하겠다. 오실레이터 계열 테크니컬 지표란 어떤 테크니컬 지표일까?

■ 매수와 매도의 과열을 감지하는 테크니컬 지표

초보자일 때는 트렌드에 올라타서 수익을 올리는 일이 중요하다고 여러 번 말했지만, 상승 트렌드의 한가운데에서 주식을 살 때에도 주의해야 할 점이 있다. 바로 '매수 과열이라고 생각되는 수준까지 주가가 상승했는가'이다.

매수 과열로 보이는 수준 이상의 주가에서 주식을 구입하고자 하는 사람은 많지 않다. 다시 말해 상승 트렌드라도 매수 과열 수준까지 주가가 상승하면 그 이상으로는 주가가 올라가기 어렵다고 생각할 수 있다.

이 매수 과열과 매도 과열을 판별해 주는 것이 오실레이터 테크니컬 지표다.

- 상승 트렌드 속에서 주식을 매수하면서 주가가 매수 과열 수준인지 확인할 때
- 매도 과열인 수준의 주가에서 주식을 매수할지 검토할 때

이럴 때 자주 활용된다. 아무리 상승 트렌드라도 오실레이터 계열 테크니컬 지표가 '매도 과열'로 나타날 때는 매수를 자제하는 쪽이 현명한 판단이다.

■ 아직 오를 여지가 있는지 파악하는 데에 활용

 주식을 사는 일과 그 후에 파는 일은 어떻게 가능할까요?

파는 사람이 있으니까 살 수 있고, 사는 사람이 있으니까 팔 수 있는 것 아닌가요?

그렇습니다. 주식 거래는 자신과 반대 방향으로 거래하는 사람이 있을 때 비로소 성립할 수 있지요. 그러므로 자신이 샀을 때보다 주가가 올라도 그 주식을 사는 사람이 있을지 생각할 필요가 있습니다.

그렇구나~! 전에는 생각해 본 적이 없어요.

자신보다 높은 주가에서 매수하는 사람이 없으면 돈을 벌 수 없다

주식으로 돈을 벌기 위해서는 자신보다 높은 주가에서 매수하는 사람이 필요하다.

예를 들어 스윙트레이드에서는 며칠에서 몇 주라는 짧은 기간 동안 거래하는 것이 기본인데, 그 기간 동안 주가가 상승할 필요가 있다.

그러므로 주식을 구입할 때는 매수 과열과 매도 과열을 판별하는 오실레이터 계열 테크니컬 지표를 확인하기를 권한다.

오실레이터 계열 테크니컬 지표가 매수 과열로 나타날 때 그 주식을 구입하면, 그보다도 더 과열된 수준에서 그 주식을 구입할 다른 사람이 필요해지게 된다.

트렌드에 편승해서 수익을 올릴 때 오실레이터 계열 테크니컬 지표를 확인하는 의미는 여기에 있다.

트렌드에 올라탄 거래로 수익을 올리려고 시도하면서, 지금 그 주식을 산다면 그보다 더 상승할 여지가 있는지 생각할 때 도움이 됩니다.

■ 매도 과열 수준에서 매수하기 위해 사용

매수 과열일 때 매수하지 않는 것 외에 매도 과열인 수준에서 매수하는 활용법도 있습니다.

그렇군요. 매도 과열일 때를 노리면 주식을 싼값에 매수할 수 있겠어요.

맞습니다. 다만 하락 트렌드일 때 매수하는 방법은 '역매수'라고 하는데, 조금 어렵습니다.

'역매수'에도 활용할 수 있지만 초보자에게는 조금 어렵다

기본적으로 초보일 때는 트렌드에 편승해서 수익을 얻는 방법을 추천하지만, 그 외에 '역매수'라는 방법도 있다.

역매수는 주가가 크게 내려간 '매도 과열' 수준에서 주식을 사고, '매도 과열'이 해소되었을 때 그 주식을 파는 전략이다.

이 '매도 과열'을 판별할 때도 오실레이터 계열 테크니컬 지표를 이용한다.

다만 '역매수'로 수익을 노릴 때는 하락 트렌드일 때 주식을 매수하게 되므로, 초보자에게는 그다지 권하지 않는다. 주식을 산 후 하락이 계속되는 일이 많아서 난도가 높기 때문이다.

초보일 때는 우선 트렌드에 올라타서 안정적으로 수익을 얻는 일을 목표로 삼읍시다.

❖POINT❖

스윙트레이드에서 수익을 올리기 위해서는 며칠에서 몇 주 이내에 자신이 구입한 것보다 높은 가격으로 그 주식을 살 사람이 필요하다. 그러므로 오실레이터 계열 테크니컬 지표를 이용해 가격이 상승할 여지가 있는지 확인한 후 주식을 구입하자.

오실레이터 계열 테크니컬 지표를 이용한 '역매수'도 가능하지만, '역매수'는 매도 과열 수준에서 주식을 산 후 매도 과열이 해소된 단계에서 팔아 수익을 얻는 방법이다. 초보자에게는 난도가 높다.

'더 오를지' 알고 싶다면
'RSI'를 활용하자!

 그러면 오실레이터 계열 테크니컬 지표를 개별적으로 공부해 봅시다. 우선 'RSI'부터 시작하죠.

오실레이터 계열 테크니컬 지표는 주가가 매수 과열 수준인지 확인하는 지표지요?

오실레이터 계열 테크니컬 지표도 골든크로스나 데드크로스 같은 활용법이 있나요?

 그런 방법은 없습니다. 오실레이터 계열 테크니컬 지표는 하나의 꺾은선 그래프로 표시되는 것이 많고, 그 꺾은선이 특정한 선보다 아래에 있으면 매도 과열, 위에 있으면 매수 과열이라고 판단하는 것이 일반적입니다.

 체온계와 비슷하다고 생각하세요.
정상체온이 35.5~36.5도라고 하면 38도는 너무 높고 35도는 너무 낮지요.
오실레이터 테크니컬 지표도 정상체온의 범위를 벗어나지 않았는지 확인한다는 느낌입니다.

3일째

지표에서 '타이밍'이 보인다

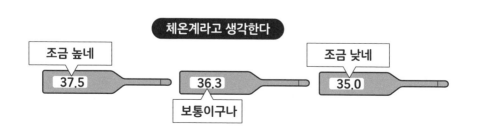

체온계라고 생각한다

조금 높네 37.5

보통이구나 36.3

조금 낮네 35.0

■ RSI를 차트에 표시하자

RSI는 대표적인 오실레이터 계열 테크니컬 지표 중 하나다.
차트 툴에서 RSI를 선택하면 봉차트 아래에 다음과 같은 선 그래프가 표시된다.

대략적으로 주가가 상승하면 RSI 수치도 상승하고 주가가 하락하면 RSI도 하락함을
알 수 있다.
일반적으로 RSI 수치가 70을 넘으면 매수 과열, 30보다 낮으면 매도 과열이라
고 판단한다. 그림 속의 차트에서는 위쪽의 빨간 점선이 70, 아래쪽의 빨간 점선
이 30을 나타낸다.

정말이네요. 70 선이 되면 주가 상승이 멈추는 것처럼 보여
요.

체온계로 치면 대략 40~60이 정상체온이라고 생각하면 되
는 건가요?

 그렇습니다. 70을 넘으면 매수 과열이고, 반대로 대략 30보
다 낮으면 매도 과열이 되어 주가 하락이 멈추는 경향이 있
습니다.

■ 가짜 신호를 줄이기 위한 노력

참고로 RSI가 30보다 낮아져서 '이 타이밍에 사야겠다'라고 생각해도, 주가가 그대로 더 내려가는 일도 자주 있다.

소위 '가짜 신호'다.

이 가짜 신호를 줄이기 위해서는 RSI가 30보다 낮아졌다가 다시 30 위로 부활한 타이밍에 매수하는 방법이 효과적이다.

이 방법을 사용하면 최저가에서 매수할 수는 없지만, 하락이 멈춘 후 매수하는 것이므로 가짜 신호를 잘 만나지 않게 된다.

매도 과열일 때 주식을 매수하는 전략을 사용하고 싶지만 성공률이 높지 않다면 한 번 이렇게 해 보자.

RSI의 대략적인 활용법

RSI의 값	판단의 표준
RSI < 30	매도 과열
RSI30~40	매도가 조금 우세
RSI40~60	대체로 중립
RSI60~70	매수가 조금 우세
70 < RSI	매수 과열

3일째

지표에서 '타이밍'이 보인다

RSI는 오실레이터 계열 테크니컬 지표 중에서도 활용하기 쉽고, 또 자주 활용됩니다. 꼭 한 번 사용해 보세요.

❖POINT❖

일반적으로 RSI는 70이 넘으면 매수 과열, 30보다 낮으면 매도 과열이라고 판단하며 이용한다.

주가가 더 상승할지 생각할 때 쉽게 사용할 수 있는 지표이므로, 자신의 차트 툴에서 확인해 보자.

'역매수'로 수익을 노릴 때는 가짜 신호를 줄이기 위해 RSI의 하락이 멈추고 상승으로 전환되기 시작한 타이밍에서 매수하는 방법을 검토해 보자.

3-06 종목에 맞춰 활용해서 성공률을 높인다!
'이격도'

 계속해서 매수 과열과 매도 과열을 판별하는 오실레이터 계열 테크니컬 지표인 '이격도'를 살펴보겠습니다.

■ 이격도를 본다

이동평균선과 주가가 어느 정도 떨어져 있는지 확인하는 지표가 '이격도'다.

'이동평균선과 현재의 주가가 서로 크게 떨어져 있는 경우가 많지만, 조금 시간이 지나면 주가는 이동평균선을 향해 돌아오는 움직임을 보인다'라는 사고방식이 이격도의 밑바탕에 있다.

이격도 RSI와 마찬가지로 봉차트 아래에 선 그래프로 표시된다. 실제 차트 툴에서 표시해 보자.

이격도

이격도는 **이동평균선과 주가가 몇 퍼센트 괴리되어 있는지** 선 그래프로 나타낸 것으로, 5일 이동평균선 또는 25일 이동평균선을 기준으로 산출한 이격도가 자주 사용된다. 주가가 이동평균선보다 5% 위에 있으면 '+5%' 또는 '105'로 나타내고, 5% 아래에 있을 때는 '-5%' 또는 '95'로 나타낸다.

닛케이 평균 주가와 함께 사용하기 좋다

이격도는 닛케이 평균 주가와 함께 사용하기 좋다. 그러나 **종목에 따라 전환 지점이 다르므로** 주의할 필요가 있다.

가령 어떤 종목은 '25일 이동평균선과 10% 괴리되면 전환이 잘 일어난다'라는 경향이 발견되고, 또 어떤 종목은 '5일 이동평균선과 8% 괴리되면 전환이 잘 일어난다'라는 경향이 발견될 수 있다.

이것은 이격도에만 한정된 이야기는 아니며, 투자의 판단에 사용하는 수치들은 종목에 따라 다소 다르게 활용해야 한다.

참고로 앞 페이지의 이격도 차트 위아래에 있는 빨간 점선은 각각 +5%와 -5% 선인데, 대략 이 선에 근접하면 전환이 이루어지는 모습을 볼 수 있다.

체온계로 재는 체온은 똑같아도 사람마다 느낌이 다르듯이, 수치는 종목에 맞춰서 사용해야 하는군요.

그렇습니다. 이격도에만 한정되는 이야기는 아니에요. 과거의 가격 변동을 보고 자신이 사용하는 테크니컬 지표가 그 종목에 잘 맞는지 확인하기를 권합니다.

■ 그 종목과 잘 맞는지 확인하며 사용하자

어느 종목에나 똑같은 수치를 사용할 것이 아니라 그 종목에 잘 맞는 수치를 활용하자. 예를 들어 과거의 차트를 보고 **이격도가 어느 정도일 때 항상 전환이 이루어졌는지** 살피면 정확도를 더 높일 수 있다.

다른 지표의 경우도 마찬가지다. 예를 들어 RSI에서도 '70을 넘었을 때 매수 과열이라고 판단하는 방법이 일반적'이라고 설명했지만, 종목에 따라서는 70에서도 더 상승할 여지가 있다고 판단하는 경우도 있다.

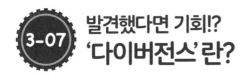

발견했다면 기회!?
'다이버전스'란?

 MACD나 RSI 등의 오실레이터 계열 테크니컬 지표를 이용할 때 알아두면 편리한 활용법을 소개합니다.

■ 다이버전스로 기회 잡기!

주가가 상승하고 있는데 지표는 하락하거나, 주가는 하락하고 있는데 지표가 상승하는 등 주가와 테크니컬 지표가 서로 반대로 움직이는 것을 '다이버전스'라고 한다. '역행 현상'이라고도 하는데, 우선 아래의 차트를 보자.

트렌드의 반전을 미리 확인

주가가 하락한 반면 MACD는 상승 경향이었다. 그 후 주가가 크게 상승했다.

주가가 하락하고 있는데…

MACD가 상승 경향 = 트렌드 호전의 신호

　이러한 역행 현상은 트렌드가 반전되기 직전에 일어나며, 트렌드의 반전을 미리 확인할 수 있는 현상으로 알려져 있다. 물론 반드시 주가가 반전된다는 보장은 없으나, 아래와 같이 상승 트렌드의 끝을 미리 파악할 때도 활용할 수 있다.

상승 트렌드의 끝을 미리 파악

주가가 상승하고 있는데…

MACD가 하락 경향 = 트렌드 역전의 신호

　이 차트의 경우는 주가가 상승한 반면 MACD가 하락했다. 그 후 주가가 내려가는 결과가 나타났다.
　이 점을 알아두면 가령 고가권에서 이 형태를 발견했을 때 보유한 주식을 매각한다는 선택을 생각할 수 있다.

　이 '다이버전스'는 MACD 이외에도 RSI 등의 오실레이터 계열 테크니컬 지표에서 확인할 수 있는 현상이다. 주가가 하락 경향임에도 지표가 상승을 향하는 다이버전스를 발견했다면 큰 기회일지도 모른다.

거래량의 확인은 필수!
'거래량 이동평균선'을 공부하자

■ 거래량 계열 테크니컬 지표

거래량은 일반적으로 봉차트 아래에 막대그래프로 표시되므로, 증가 경향인지 아닌지 쉽게 파악할 수 있다. 지금까지 소개한

- 트렌드 계열 테크니컬 지표
- 오실레이터 계열 테크니컬 지표

외에도

- 거래량 계열 테크니컬 지표

라고 하는, 거래량의 동향을 통해 앞으로의 주가 동향을 파악하는 테크니컬 지표도 존재한다.

그만큼 주가와 거래량의 관계는 밀접한 관련이 있다고 생각해야 한다.

아~. 거래량의 상황을 파악하는 테크니컬 지표도 있군요.

 이 책에서는 거래량 계열의 테크니컬 지표로 거래량 이동평균선을 소개하겠지만, **거래량을 판단할 때 반드시 테크니컬 지표를 사용할 필요는 없습니다.**
다만 테크니컬 지표를 사용하지 않는다고 해도 거래량을 고려하는 일은 차트 분석에서 필수예요.
우선 '거래량은 주가에 선행한다'라는 사고방식을 이야기해 보겠습니다.

■ 거래량은 주가에 선행한다

테크니컬 지표에는 신호가 늦게 나타나는 경우가 많다는 약점이 있다고 71페이지에서 말했지요. 여기서 거래량에 대해 이야기하자면 주가보다 앞서서 매수 신호가 나타난다고들 합니다.

주식 격언 중에 '거래량은 주가에 선행한다'라는 말이 있다. 이것은 주가의 움직임보다 거래량에 먼저 변화가 나타난다는 사고방식이다. 거래량을 주의 깊게 확인함으로써 주가가 움직이기 전에 주가 상승을 감지할 수 있다면……이것은 반드시 활용해야만 한다.

거래량과 주가의 관계를 이해하기 위해 우선 아래의 차트를 보자. 거래량이 크게 증가한 후 주가가 상승함을 알 수 있다.

3일째

지표에서 '타이밍'이 보인다

이처럼 거래량이 늘어난 후 주가가 상승하는 일은 매우 흔하다. 그러면 왜 거래량이 늘어나면 주가가 상승하기 쉬운 것일까?

■ '거래량이 크게 증가한 후 주가가 상승'하는 메커니즘

주가가 상승할 조짐을 보이면 매도 주문이 줄지어 나오는 것이 일반적이다. 수익 확정의 매도 주문도 있고, 손절이지만 조금이라도 더 비싼 지점에서 팔고자 하는 사람들이 주가가 조금 오른 지점에서 차례차례 매도 주문을 넣는 경우도 있다.

이때 만약 매도 주문만 많이 나오고 그 매도 주문을 소화할 만큼의 매수 주문이 없다면 거래량은 증가하지 않는다.

반대로 매도 주문을 소화할 만큼의 매수 주문이 차례차례 나오는 경우는 매도 주문이 급격히 감소한다. 그래도 매도 주문이 줄지 않으면 이윽고 '조금 비싸더라도 사고 싶다'라고 생각하는 투자자들이 늘어나서 주가가 상승하게 된다.

매도 주문이 나오고, 그 이상의 매수 주문이 나와 매도 주문을 소화한다. 이렇게 줄지어 주문이 나와서 소화될 때 거래량은 증가한다.

최종적으로는 매도 주문이 적어져서 주가가 상승하게 된다. 거래량이 늘어난 후 주가가 상승하는 흐름을 대략적으로 머릿속에 그려 볼 수 있을 것이다.

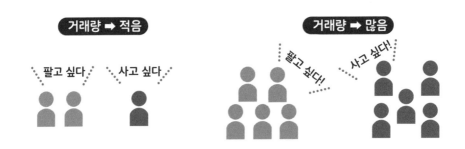

주가에서 큰 움직임이 보이지 않음에도 거래량이 늘어난 때

거래량은 인기투표나 마찬가지라고 생각할 수 있다. 이제부터 주가가 상승하려 할 때는 거래량이 늘기 쉽다.

특히 주가에서 큰 움직임이 보이지 않음에도 거래량이 늘어나기 시작했을 때는 인기가 생기고 있다는 전조일 가능성이 있으므로, 그 후 주가가 상승할 가능성도 생각해 보면 좋다.

다시 말해 거래량이 늘어날 때는 주가 상승을 염두에 두는 것이 좋다는 뜻이군요.

기본적으로는 그렇게 생각해도 좋습니다.
다만 주가가 반전될 때에도 거래량이 크게 늘어나는 경우가 있습니다.
가령 주가가 상승 경향일 때 거래량이 증가해서 주가가 더욱 오를 줄 알았는데, 알고 보니 그곳이 천장이었고, 그 후에는 주가가 하락하는 패턴이 있어요.

조심해야겠네요.

어떤 경우든 거래량이 늘어난 후에는 주가에 변화가 나타나기 쉽다는 점을 기억해 둡시다.
거래량만 보고 매매할 수는 없지만, 거래량을 함께 고려하면 가짜 신호를 만날 가능성을 더욱 낮출 수 있지요.

그러면 거래량을 더 깊이 이해하기 위해 '거래량 계열 테크니컬 지표'인 거래량 이동평균선을 살펴봅시다.

거래량 이동평균선!?

3일째

지표에서 '타이밍'이 보인다

■ 거래량 이동평균선을 살펴보자

거래량에 관한 테크니컬 지표인 '거래량 이동평균선'을 소개하겠다.

거래량 이동평균선은 이름 그대로 거래량의 이동평균선이며, 사용법은 주가 이동평균선과 똑같다. 그야말로 거래량의 증가가 곧 주가의 상승이라는 사고방식이다.

실제 차트에서 확인해 보자.

거래량의 증가 경향과 주가의 상승 경향은 대체로 일치하는 관계에 있다. 이제부터 거래량 이동평균선의 대략적인 활용법을 확인해 보자.

거래량 이동평균선의 활용법

(5일 거래량 이동평균선과 25일 거래량 이동평균선을 이용하는 경우)

5일 거래량 이동평균선과 25일 거래량 이동평균선의 상황	판단의 표준
골든크로스 발생	매수 신호
5일 거래량 이동평균선 ＞ 25일 거래량 이동평균선이 계속됨	상승 트렌드
5일 거래량 이동평균선 ＜ 25일 거래량 이동평균선이 계속됨	하락 트렌드
데드크로스 발생	매도 신호

활용법은 이동평균선과 똑같네요. 이것도 이동평균선처럼 그 종목과 잘 맞는 일수를 선택해서 사용하나요?

그렇지요. 기본은 5일과 25일 거래량 이동평균선을 확인하는 것인데, 종목에 따라 다른 일수를 사용하는 방법은 여기서도 효과적입니다.

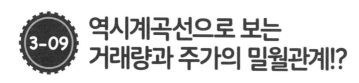

3-09 역시계곡선으로 보는 거래량과 주가의 밀월관계!?

역시계곡선이라는 테크니컬 지표가 있다. 역시계곡선은 거래량과 주가의 관계를 통해 현재의 상황을 읽어내는 테크니컬 지표의 하나인데, 활용하기는 조금 어렵다.

■ 역시계곡선을 살펴보자

실제로 역시계곡선을 활용해 투자하는 일은 쉽지 않다. 다만 거래량과 주가의 관계를 생각할 때는 매우 좋은 참고가 되므로 여기서 공부해 두자.

차트 툴 등에서 역시계곡선을 선택하면 다음과 같이 표시될 때가 많습니다

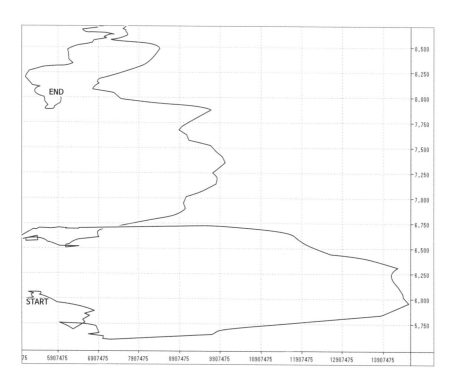

131

이게 뭐죠? 유치원생이 그린 그림 같아요.

정말이네. 아들이 어릴 때 그린 낙서와 닮았어요. 일목균형표가 이것보다 훨씬 깔끔하네요.

역시계곡선의 가로축에는 거래량, 세로축에는 주가를 나타내는 눈금이 있습니다.
거래량이 늘어나면 곡선이 오른쪽으로 이동하고, 주가가 오르면 위로 이동하는 구조입니다

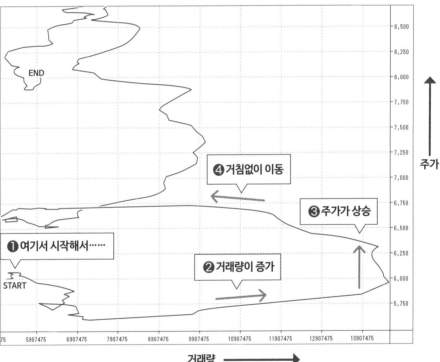

이렇게 선이 이동하는데, 이 선을 크게 8가지 국면으로 나눌 수 있어요.
'지금은 선이 어느 국면에 있는지' 보는 것이 역시계곡선의 사용법입니다.

■ 역시계곡선의 8가지 국면

역시계곡선은 가로축이 거래량, 세로축이 주가이며 8가지 국면으로 이루어져 있다. 각 번호에 해당되는 상황을 상상하며 읽어 보자.

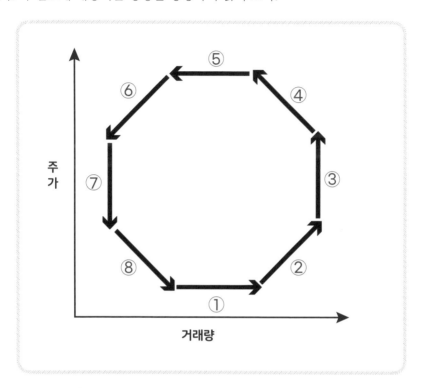

① 주가는 저가권에 있으면서 서서히 거래량이 증가한다. (→ 매수 진입을 검토)

② 거래량이 상승하면서 주가도 함께 상승한다. (→ 매수)

③ 거래량은 제자리걸음하지만 주가는 상승한다. (→ 계속 매수)

④ 주가는 상승하지만 거래량이 조금 감소한다. (→ 매수 자제)

⑤ 주가는 고가권에서 움직이지만 거래량은 감소한다. (→ 경계 국면)

⑥ 거래량의 감소와 함께 주가도 하락한다. (→ 매도)

⑦ 거래량의 감소는 멈추지만 주가는 하락한다. (→ 매도)

⑧ 주가는 하락하지만 거래량이 조금씩 늘기 시작한다. (→ 바닥권일지도!? 주의)

앞에서 설명했듯 거래량이 주가보다 먼저 증가하는 경우가 매우 흔하므로, 곡선도 반시계 방향으로 움직이는 일이 많다. 그 움직임 때문에 '역시계곡선'이라고 부르는 것이다.

거래량과 주가의 움직임에서 선이 마치 살아있는 듯 움직이네요.

실제로 투자할 때 역시계곡선을 이용하기는 쉽지 않겠지만, 역시계곡선의 8가지 국면은 반드시 알아 둡시다.

❖POINT❖

주가와 거래량의 관계는 밀접한 관련이 있으므로 역시계곡선의 주기는 매우 좋은 참고가 된다.

거래량의 증가를 동반한 주가 상승이 좋은 상승이며, 거래량이 감소 경향이고 주가가 제자리걸음하는 상황에는 주의가 필요함을 기억해 두자.

Column 거래량은 인기의 바로미터

'거래량은 주가에 선행한다'라는 주식 격언이 있을 정도로 거래량은 주가 상승에 중요하다.
단기간의 주가 변동은 투자자들의 인기 투표로 움직인다고 해도 과언이 아니다. 거래량을 살펴보는 일은 투자자들의 심리를 읽어내는 일로 이어지는 것이다.

이 책에서는 거래량을 확인하기 위한 테크니컬 지표로 거래량 이동평균선을 소개했는데, 그 외에도 거래량 계열 테크니컬 지표는 많이 있다.

마음에 드는 테크니컬 지표를 찾아내서 활용해도 좋고, 테크니컬 지표를 이용하지 않는다고 해도 단기간의 수익을 노릴 때는 그 직전의 거래량 추이를 확인한 후 투자하자.
거래량 추이의 확인은 성공률의 상승으로 이어진다.

투자자를
도와주는 편리한
주문 방법

주부나 회사원이 스윙트레이드를 할 수 있는 것은 다양한
주문 방법이 존재하는 덕분이다.
기본적인 주문 방법을 확실하게 이해하고 똑똑하게 사용하
면 회사 일이나 집안일을 하는 짬짬이 어렵지 않게 트레이
드를 할 수 있다.

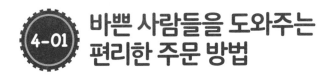

4-01 바쁜 사람들을 도와주는 편리한 주문 방법

■ 바빠도 할 수 있을까?

독자 여러분의 직업은 무엇인가? 주부, 회사원, 자영업자, 아르바이트……. 다양한 사람들이 있겠지만 주식투자에 모든 시간을 쏟을 수 없는 사람이 대부분일 것이다.

주식 거래 시간은 다음과 같다.

- 오전 9시~11시 반(전장)
- 오후 12시 반~3시(후장)
  (*한국은 휴식 시간 없이 오전 9시부터 오후 3시까지임)

주부나 회사원이나 바쁜 시간대다. 주가의 동향을 항상 지켜볼 수는 없을 것이다. 그럴 때 도움이 되는 것이 온라인 증권사에서 준비한 다양한 주문 방법이다.

자신의 상황에 맞추어 똑똑하게 주문하자!

온라인 증권사의 다양한 주문 방법은 낮 시간에 주가를 지켜볼 수 없는 사람들의 든든한 아군이다.

차트를 확실히 분석하고 거래 시간이 아닐 때 주문해 두면 항상 주가를 지켜보며 거래할 필요가 없다.

회사원이라면 밤에 퇴근했을 때나 주말을 이용할 수 있다. 주부라면 오전에 잠깐 비는 시간이나 점심시간, 또는 이른 저녁 시간을 이용해서 거래할 수 있다.

> 차트 분석을 확실히 공부하고 주문 방법을 똑똑하게 활용하면 바쁜 사람이라도 어렵지 않게 스윙트레이드를 할 수 있어요.

4-02 '어쨌든 팔고 싶을(사고 싶을)' 때는 '시장가 주문'

구체적인 주문 방법을 살펴보자. 우선 '시장가 주문'이라는 주문 방법부터 공부하겠다.

■ 주가를 지정하지 않는 주문 방법

시장가 주문은 매수 가격이나 매도 가격을 지정하지 않는 주문 방법이다. 다음과 같은 태도다.

- '값이 얼마든 좋으니까 사야겠다'
- '값이 얼마든 좋으니까 팔아야겠다'

때로 예상하지 못한 가격에 약정되기도 하므로 주의할 필요가 있다.

'값이 얼마든 좋으니까'라는 건 조금 겁나지 않나요?

그렇지요. 예상하지 못한 주가가 될 수도 있으니 매수 주문의 경우는 뒤에 나올 '지정가 주문'을 사용하는 것이 좋습니다.

그러면 시장가 주문은 언제 사용하는 것이 좋나요?

손절할 때는 시장가 주문이 적절하다고 생각합니다. 손절할 때는 무조건 도망치는 일이 중요하니까요.

■손절할 때 유용하다

시장가 주문은 손절할 때 적절하다.

예상보다 다소 낮은 가격에 매각하게 되더라도 시장가 주문으로 확실하게 손절하는 쪽이 더 낫다고 생각하자.

■주문의 3가지 우선순위

주문에는 다음과 같은 3가지 우선순위가 있다.

- 가격 우선
- 시간 우선
- 시장가 우선

가격 우선은 매수할 때 높은 가격의 주문을 우선시하는 것이다.

시간 우선은 같은 가격일 경우 먼저 주문한 사람을 우선시하는 것이다.

시장가 우선은 같은 주가로 같은 시간에 지정가 주문과 시장가 주문이 들어왔을 경우 시장가 주문을 우선시하는 것이다.

❖POINT❖

시장가 주문은 주가를 지정하지 않고 매수 주문이나 매도 주문을 하는 방법이다.

약정이 쉽다는 점은 말할 것도 없이 당연하지만, 예상치 못한 주가에서 약정될 가능성이 있으므로 주의하자.

주된 사용 방법은 손절이다. 손절할 때는 시장가 주문을 이용해서 일단 그 주식을 놓아버리는 데에 집중하는 것이 좋기 때문이다.

'이 가격이어야만 해!' 라고 생각한다면
'지정가 주문'

■ 주가를 지정하는 주문 방법

지정가 주문은 매수할 주가나 매도할 주가를 지정하는 주문 방법이다. 다음과 같은 태도다.

- '이 주가에 사야겠다'
- '이 주가에 팔아야겠다'

매수 주문일 때는 지정가보다 낮은 가격에 살 수는 있어도 지정가보다 높은 가격에 사는 일은 없다. 매도 주문일 때는 지정가보다 높은 가격에 팔리는 일은 있어도 지정가보다 낮은 가격에 팔리는 일은 없다. 가령 다음과 같은 종목의 호가창 정보를 보자.

가운데의 '시장가' 부분에 있는 숫자들이 주가, 오른쪽에 있는 숫자들이 '지정가 매수 주문', 왼쪽에 있는 숫자들이 '지정가 매도 주문'이다.

매도 잔량		매수 잔량
	시장가	
10,400	38,580	
24,000	38,570	
53,500	38,560	
26,900	38,550	
32,000	38,540	
	38,510	100
	38,500	3,200
	38,490	1,400
	38,480	4,900
	38,470	1,100

이 종목의 경우,

- 38,510원에 100주
- 38,500원에 3,200주
- 38,490원에 1,400주
- 38,480원에 4,900주
- 38,470원에 1,100주

위와 같은 지정가 매수 주문이 들어오고,

- 38,540원에 32,000주
- 38,550원에 26,900주
- 38,560원에 53,500주
- 38,570원에 24,000주
- 38,580원에 10,400주

위와 같은 지정가 매도 주문이 들어온 상태다.

만약 여기서 38,510원에 200주 매수 주문을 넣는다면 38,510원에 지금 있는 100주를 합해 300주의 매수 지정가 주문이 존재하게 된다.

이 종목의 현재 주가는 38,530원이고, 여기서 가령 38,550원에 500주라는 지정가 매수 주문을 넣을 수 있다. 그 경우 그보다 낮은 주가인 38,540원의 매도 주문이 있으므로 38,540원에 500주를 살 수 있을 것으로 예상할 수 있다.

현재 주가보다 높은 가격에 지정가 매수 주문을 넣을 수 있군요.

그렇습니다.
시장가 주문은 생각지 못한 주가에 약정되는 경우가 있으므로 '꼭 지금 사야겠어!'라는 경우라도 매수 주문은 시장가 주문이 아니라 지정가 주문으로 넣도록 합시다.

■ 지정가 주문으로 팔고 싶을 때는

어떤 종목을 보유하고 있으면서 '이 주가에서 팔고 싶다'라는 목표 주가가 있으면 그 주가에서 지정가 주문을 하자.

온라인 증권에는 약정되면 자동으로 약정 알림 메일을 보내주는 서비스가 있다. 팔고 싶은 주가를 지정해서 지정가 주문을 해 두면 주가가 상승했을 때 자동으로 이익이 확정되고 알림 메일이 온다.

❖POINT❖

지정가 주문은 사고 싶은 주가와 팔고 싶은 주가를 지정해서 주문하는 방법이다.
매수 주문일 때나 수익 확정을 위한 주문에 이용하면 좋다. 또 약정 알림 메일을 설정해 두면 약정되었을 때 알려주므로 편리하다.

'~일 때' '~하면'으로 지정하고 싶다면 '역지정가 주문'

■ '이 이상일 때 사고 싶다(이 이상일 때 팔고 싶다)'

역지정가 주문은

- '이 주가 이상이 되면 사고 싶다'
- '이 주가 이하가 되면 팔고 싶다'

위와 같은 주문 방법이다. '역지정가 지정 주문(*한국에서는 흔히 손실지정가 주문이라고 함)'과 '역지정가 시장 주문'이 있다. '역지정가 지정 주문'은 '주가가 △원 이상이 되면 지정가 □원에 산다'라는 주문 방법이다.

지금보다 높은 가격에서 사고 싶을 일이 있나요?
산다면 지금보다 낮은 가격에 사는 것이 좋지 않나요?

 그렇지도 않습니다.
가령 이런 차트의 경우는 어떨까요?

여기서 사고 싶다

 이렇게 '급상승 타이밍에 사고 싶은' 경우 등에는 역지정가 주문이 효과적입니다.

앞 페이지 차트의 경우 주가가 한화 3,400원이 되기 직전에 두 번 하락했다.

이 경우 '주가가 3,410원 이상이 되면 주가 3,420원에 산다'라는 주문을 넣으면 어떨까? 일하느라 바빠서 주가 동향을 지켜보지 못해도 자동으로 주식을 매수하게 된다.

주가가 급상승할 때 그 움직임에 올라타서 수익을 노리고 싶다면 역지정가 지정 매수 주문을 사용할 수 있다.

그 외에는 어떤 경우에 사용할 수 있나요?

역지정가 주문은 손절할 때 추천하는 주문 방법입니다.

■ 역지정가 주문을 손절에 사용한다

역지정가 주문은 손절할 때에도 사용하기를 추천한다.

바빠서 주가 동향을 지켜보지 못할 때 주가가 폭락할 수도 있을 것이다. 그래도 역지정가 시장 주문을 해 두면 자동으로 손절할 수 있다.

가령 Ⓐ 지점에서 주식을 샀다면 어떨까? 그 후 주가는 크게 폭락했다.

며칠 동안 가치가 크게 하락할 수 있는 주식투자에서는 손절을 하지 못하면 매우 큰 손실을 입고 만다.

이때 역지정가 시장 주문으로 '18,500원 이하가 되면 시장가 매도'라는 주문을 해 두면 안심할 수 있다.

Ⓑ 지점에서 손절하게 되므로 그 후 폭락의 영향을 받지 않아도 된다.

■ 혼자서는 실행하기 쉽지 않은 손절이 자동으로 이루어지도록 하자

주가의 동향을 살피며 손절하려 해도 좀처럼 쉽지 않다.

누구라도 손해는 보기 싫은 법이고, '주가가 조금 더 회복되면 팔자'라고 생각하기 때문이다.

그래도 역지정가 시장 매도 주문을 해 두면 손절이 자동으로 이루어진다.

낮 시간에 주가 동향을 관찰할 수 있든 없든 안전망 역할을 하는 역지정가 시장 매도 주문을 활용하자.

❖POINT❖

역지정가는 주가가 어느 수준 이상이 되면 사고 어느 수준 이하가 되면 파는 주문 방법이다.

역지정가 지정 매수 주문은 급상승 국면의 매수를 노릴 때 활용할 수 있고, 역지정가 시장 매도 주문은 손절할 때 이용하면 편리하다.

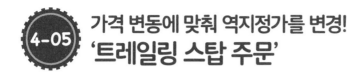

4-05 가격 변동에 맞춰 역지정가를 변경!
'트레일링 스탑 주문'

■ 주가를 지정하는 주문 방법

이어서 트레일링 스탑(trailing stop) 주문을 살펴보겠다. 트레일링 스탑 주문은 '고가 - X원을 뺀 가격에 매도'라는 주문 방법이다.

기본은 '주가가 하락하면 판다'라는 사고방식이므로 역지정가 주문과 비슷하지만, 주가 상승에 맞춰 역지정가도 상승하는 것이 특징이다.

트레일링 스탑 주문의 예

가령 주가가 5,000원일 때 산 후 '고가 – 200원에서 매도'라는 트레일링 스탑 주문을 넣은 경우를 생각해 보자.

매수한 직후에는 5,000 – 200=4,800원이므로 '4,800원 이하가 되면 매도'라는 주문인데, 그 후 주가가 오르면 매도 가격이 달라진다.

예를 들어 5,200원이 되면 어떨까? 처음에 4,800원이었던 역지정가는 5,200-200=5,000원이 되므로 매도 가격은 5,000원까지 상승하게 된다. 나아가 주가가 상승해 5,500원이 된다면 5,500 – 200=5,300원이므로 5,300원까지 하락했을 때 매각된다.

주가 상승에 맞춰 역지정가도 상승하므로 이 주문 하나를 수익 확정과 손절에 모두 활용할 수 있다.

가령 고가 – 500원인 트레일링 스탑 주문의 경우

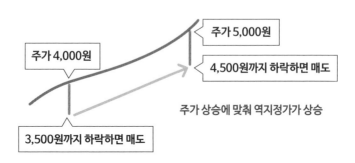

이건 편리하네요.

트레일링 스탑 주문은 특히 트렌드에 편승해서 수익을 노릴 때 유용성이 높은 주문 방법입니다. **상승 트렌드에 맞춰 수익을 늘릴 수 있기 때문이죠.**

대단해요! 매도 주문 방법은 이것만 있어도 될 정도네요.

확실히 트레일링 스탑 주문은 유용성이 높은 방법입니다. 다만 주가가 급등하면 어떨까요? 트레일링 스탑으로 주가가 하락하기를 기다리기보다 급등했을 때 수익을 확정하는 것이 좋을 수도 있어요.

그러네요…

■ 트레일링 스탑 매수 주문

또 트레일링 스탑에는 매수 주문도 있다.

예를 들면 '주가가 저가 +200원일 때 산다'라는 주문 방법이다. 이 경우 주가가 바닥에서 반등하는 타이밍에 주식을 살 수 있다고도 볼 수 있다.

4일째

투자자를 도와주는 편리한
주문 방법

❖POINT❖

주가 상승에 맞춰 역지정가를 서서히 높인다는 개념의 트레일링 스탑 주문은 트렌드에 편승해서 수익을 노리는 경우 등에 크게 유용한 방법이라고 할 수 있다.

낮 시간에 주가 동향을 지켜볼 수 없는 사람들을 도와주는 주문 방법으로써 이용을 검토해 보면 좋을 것이다.

■ 증권사에는 다양한 주문이 준비되어 있다

여기까지 소개한 네 가지 주문 방법 '시장가 주문' '지정가 주문' '역지정가 주문' '트레일링 스탑 주문'은 많은 온라인 증권사에 존재하는 주문 방법이다. 온라인 증권사에는 그 외에도 다양한 주문 방법이 준비되어 있다.

사용할 수 있는 주문 방법은 증권사마다 다르므로, 실제로 거래할 때는 자신이 사용하고 싶은 주문 방법이 있는 증권사를 선택하자.

W지정가, OCO주문

W지정가라고 부르기도 하고 OCO주문이라고 부르기도 하고, 증권사마다 이름은 다르지만 지정가 주문과 역지정가 주문을 조합한 주문 방법이 있는 증권사들도 있다.

이 주문 방법은 수익 확정과 역지정가 매도 주문을 동시에 넣는 주문 방법으로, 둘 중 하나가 약정되면 다른 하나는 자동으로 취소되는 구조다. 또 증권사에 따라서는 이 책에서 소개한 것과 다른 주문 방법이 존재하기도 한다.

다채로운 주문 방법들이 바쁜 독자 여러분을 도와줄 것이다. 여러 주문 방법을 공부해서 자신이 생각하는 이상적인 거래를 실현하자.

오히려 거래 시간이 아닐 때 차트를 보며 주문하고, 거래 시간 중에는 주가를 보지 않아도 괜찮습니다.
아무래도 주가를 쳐다보고 있으면 원래 매수하지 말아야 할 상황인데도 매수하는 등 불필요한 주문을 하기 쉽지요. 스윙트레이드에서는 사야 할 때만 사는 것이 중요하다는 사실을 기억해 둡시다.

실전!
유리한 '매수' 신호는 여기!

5일째에는 드디어 실전 형식으로 차트를 이용해서 매수 타이밍을 포착하는 능력을 기른다. 지금까지 배운 지식을 떠올리며 읽어 나가자.

5-01 '싸게 사서 비싸게 팔기'를 노리지 않는다?

■ 자신 있는 패턴을 찾아내자!

차트 툴을 열고 실제 차트에서 지금까지 공부한 '매수 패턴'을 찾아보자.

또 지금이야말로 매수 타이밍이라고 생각한 지점이 있다면 메모하거나 차트를 인쇄해 두고, 그 후의 주가 동향을 추적하는 일도 도움이 된다. 이렇게 계속 공부하면 실제로 돈을 투자하지 않고도 경험을 쌓을 수 있다. 돈을 쓰지 않아도 되는 공부 방법은 많다.

여기서는 지금까지 배운 테크니컬 지표와 차트 패턴을 복습하면서, 주문 방법을 포함해 매수 패턴을 공부하겠습니다. '이렇게 되면 매수 기회'라는 패턴을 배우는 거예요.

기대되네요. 여기서 배울 '매수 패턴'도 확실하게 외워 두는 것이 좋나요?

아닙니다. 이제부터 소개할 매수 패턴들을 암기할 필요는 없어요. 중요한 일은 사야 할 타이밍에서 사는 것이니, 그 판단을 내릴 줄 알게 되면 충분합니다.

다행이다~

다만 자신 있는 패턴을 가지고 있으면 좋습니다. 물론 주식은 살아 움직이기 때문에 똑같은 패턴이 두 번 나타나는 일은 없지만…
그래도 자신의 필승 패턴, 다시 말해 '아, 이 패턴이 나오면 수익을 올릴 수 있어'가 있으면 즐겁게 거래할 수 있고 성공률도 높아집니다.

■ '싸게 사서 비싸게 팔기'를 노리지 않는다

그리고 스윙트레이드에서는 싸게 사서 비싸게 팔기를 노리지 않는 것도 중요합니다.

어? '주식은 싸게 사서 비싸게 파는 것이 기본'이라고 들은 적이 있는데… 그렇게 하지 않는다고요?

네. 하지 않습니다.

주식의 기본적인 사고방식으로서 '싸게 사서 비싸게 판다'라는 말을 들어 본 사람이 많을 것이다. 그러나 스윙트레이드에서는 이것을 목표로 삼아서는 안 된다.

스윙트레이드에서는 기본적으로 상승 트렌드를 확인하고 나서 매수한다고 여러 번 말했다.

차트를 전체적으로 보면 상승 트렌드가 발견된다는 것은 '이미 상승이 시작된 상태'라는 뜻이므로, 결코 가장 싼 상태는 아니다. 트렌드에 올라타는 스윙트레이드에서는 다음과 같은 사고방식을 가져야 한다.

● 비싸게 사서 더 비싸게 판다.

쌀 때 사려고 하면 하락 트렌드에서 사게 되므로, 며칠에서 몇 주 동안 이루어지는 스윙트레이드에서는 성공하기 어렵다.

■ 트렌드를 거스르는 경우에는 싸게 싸서 싸지 않게 판다

트렌드를 거슬러 투자하는 경우라면 싼 지점에서 주식을 사게 되는데, 수익을 확정하는 지점은 '더 이상 싸지 않은 시점'이다. 결코 비싼 시점이 아니다.

트렌드를 거스를 때는 하락 트렌드의 한가운데에서 매수하는 경우가 많기 때문에 비싼 가격이 될 때까지 계속 보유하려 하다 보면 하락의 흐름에 휘말리기 쉬우므로 조심하자. 트렌드를 거스르는 투자의 사고방식은 한 마디로 다음과 같다.

● 싸게 사서 싸지 않게 판다.

그러면 트렌드를 거슬러 매수하고 트렌드를 따라 매도하면 큰돈을 벌 수 있을 것 같은데요……

그러네요. 그렇게 하면 싸게 사서 비싸게 팔게 되잖아요.

트렌드를 거스르기와 상승 트렌드에 올라타기는 서로 다른 개념입니다.
하락 트렌드일 때 매수하고 상승 트렌드로 전환되기를 기다리기보다, 트렌드를 거스를 때는 트렌드를 거스를 때의 사고방식, 트렌드에 올라탈 때는 트렌드에 올라탈 때의 사고방식으로 거래해야 성공하기 쉽지요.

■ '머리와 꼬리는 내줘라'

주식 격언 중에 '머리와 꼬리는 내줘라'라는 말이 있다.

싸게 사서 비싸게 파는 일은 그만큼 어렵다는 것을 보여주는 말이다. 머리에서 꼬리까지 전부 이익을 취하려 할 것이 아니라, 몸통 부분의 이익을 확실하게 챙기는 일을 목표로 삼자. 너무 욕심을 부리면 생각지 못한 손실에 말려들어 결국 손해를 보는 결과로 이어질 수 있다.

실전! 매수 패턴 ①

박스권을 뚫고 올라갈 때 산다!

그러면 이제 첫 '매수 패턴'을 살펴봅시다!

■ 박스권을 뚫고 올라간 타이밍에 매수하는 패턴

처음으로 소개할 것은 '박스권을 뚫고 올라간 타이밍에 매수하는' 패턴이다.

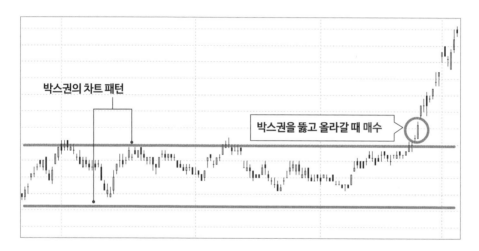

보조선으로 박스를 그리고 주가가 그보다 상승하는 타이밍을 찾아낸다. 그때 매수할 주식을 결정하고, 결정한 대로 매수하자.

92페이지 차트 패턴에서 배운 '박스권'을 이용하는 거군요. 박스권은 찾아내기 쉽네요~!

그렇지요. 박스권을 벗어나서 올라갈 때 매수하는 전략을 쓸 때는 보합 상태가 끝나고 상승 트렌드가 시작되는 부분에서 지체 없이 매수합시다.

■ 뒤늦게 매수는 절대 금물

이 패턴으로 매수할 때 중요한 점은 '돌파한 순간에 지체 없이 매수하기'이다. 저지르기 쉬운 실수는 원하던 지점에서 매수하지 못했다는 이유로 뒤늦게 매수하는 일이다.

예를 들어 '5,050원에서 보조선을 돌파했을 때 5,060원에 사자'라고 생각했는데, 상승세가 강해서 5,060원에 사지 못했다고 하자.

순식간에 주가가 5,070원, 5,080원으로 상승한다면 '기껏 계획했던 주식인데 못 샀네'라는 생각 때문에 '어떻게 해서든 사고 싶다'라는 마음이 커지고 만다.

결과적으로 원래 5,060원에 살 예정이었는데 5,100원, 5,150원에 사게 되는 일이 벌어진다. 상승하는 주가를 뒤따라가며 매수하는 것이다.

차트에 직접 박스권을 그리고 어느 가격에 매수할지 확실히 생각합시다. 좋은 타이밍을 놓치더라도, 뒤늦게 매수하는 일은 절대 금물이에요.

타이밍을 놓치면 분한 마음에 매수할 것 같아요……

그럴 때 도움이 되는 것이 4일째에 배운 다양한 투자 방법이지요.
이 경우는 역지정가 매수 주문(141페이지 참고)을 활용합시다. '박스권을 벗어나 올라가는 단계에서 지정가로 매수'하도록 주문하는 겁니다.

■ 잘되면 큰 수익!

이번에 살펴볼 매수 패턴은 잘 활용하면 상승 트렌드에 올라타서 큰 수익을 노릴 수 있다. 주가가 급등할 때 거래량을 확인하면 정확성을 더 높일 수 있다는 사실도 기억해 두자.

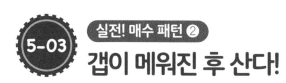

다음은 2일째에 배운 갭 메우기의 법칙(100페이지 참고)을 이용한 매수 패턴입니다.
갭과 함께 상승한 봉을 발견하면, 갭이 생기기 전의 주가에서 지정가 주문을 넣는 것도 한 방법입니다.

■ 갭 메우기의 법칙으로 지정가 매수 주문

갭이 있는 상승을 발견했을 때, 갭이 생기기 전의 주가로 지정가 매수 주문을 해 두면 빨간 원으로 표시한 부분에서 주식을 살 수 있다.

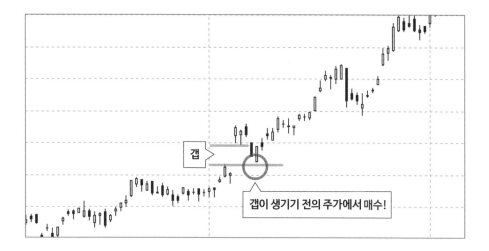

이번에는 갭 메우기의 법칙이 잘 맞아떨어져서 갭이 메워진 후 주가가 상승했다.
주의할 점은 매일 거래대금이 충분한 종목인지 살펴볼 필요가 있다는 것이다.
그도 그럴 것이 거래대금이 적은 종목은 대규모 매수 주문이 있으면 갭이 발생하기 쉽기 때문이다.

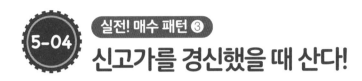

실전! 매수 패턴 ③

신고가를 경신했을 때 산다!

■지난번 고가를 경신한 지점에서 산다

어느 일정 기간 동안의 고가보다 높은 주가를 '신고가'라고 한다. 신기록이라고 생각하면 된다.

신고가를 기록한다는 것은 매수세가 우세하다는 증거일 것이다. 그리고 한 종목이 신고가 경신을 4일 연속, 5일 연속 기록하며 의심의 여지가 없는 상승 트렌드를 보이는 일이 드물지 않다. 신고가에서 주식을 매수하는 일은 매수세가 강한 종목에 올라타는 일과 마찬가지이므로 합리적인 전략이라고 생각하자.

지난번의 고가

신고가 경신에서 매수!

신고가를 경신한 지점에서 주식을 사는 건 무섭지 않나요? 급락할 것 같아서 불안해요.

지금이 가장 높은 가격처럼 보여서 매수하기 겁날 수도 있지만, 며칠에서 몇 주가 지나면 '그건 아직 싼 가격이었구나'라고 깨닫게 되는 일도 많아요.

■ 신고가 부근의 투자자 심리를 생각하자

신고가의 투자자 심리를 생각해 봅시다.
신고가를 기록했다는 것은 그 종목을 보유한 사람에게 모두
이익이라는 뜻이지요.
이때 투자자 심리는 '강세'와 '약세' 중 어느 쪽일까요?

당연히 강세지요!

맞습니다.
투자자 심리가 강세라는 것은 그 주식을 살 이유로서 적절하
다는 사실을 기억해 둡시다.

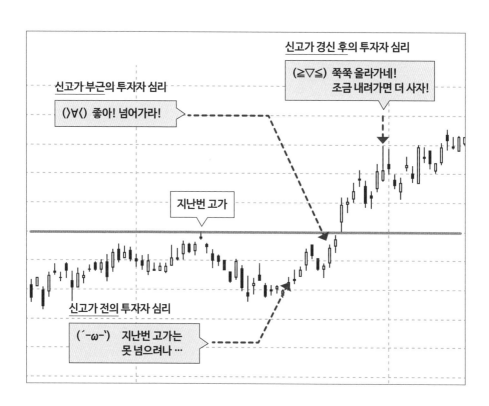

신고가 경신 후의 투자자 심리

(≧▽≦) 쭉쭉 올라가네!
조금 내려가면 더 사자!

신고가 부근의 투자자 심리

()∀() 좋아! 넘어가라!

지난번 고가

신고가 전의 투자자 심리

(´-ω-`) 지난번 고가는
못 넘으려나 …

그래도 신고가를 경신하면 '이제 신고가 경신으로 돈을 벌었으니까 팔아서 수익을 올리자!'라는 사람들도 늘어나지 않을까요?

신고가를 기록하고 나면 구입을 망설였던 사람들은 '나도 살걸'이라고 생각하고, 이미 보유하고 있는 사람들도 '더 많이 사 둘걸'이라고 생각합니다. 그래서 주가가 조금 내려가도 아직 사고 싶어 하는 사람이 많다고 생각할 수 있지요.

그러니 수익 확정을 위한 매도는 사실 그렇게까지 두려워할 필요 없어요.
정말로 무서운 것은 내던지기 형태의 매도입니다

물론 신고가를 경신하자마자 그곳을 천장으로 삼아 하락할 가능성이 없지는 않다. 만약 그렇게 되면 **빠른 손절로 대응**할 필요가 있다.

다만 신고가를 기록했다는 것은 상승 트렌드이며 매수세가 강하다는 사실이 이미 증명되었다는 뜻이라고 생각할 수 있다. 그러므로 신고가 경신 후 거침없이 상승하는 흐름에 올라탈 수 있다면 매우 큰 수익을 올릴 가능성이 있다.

듣고 보니 그렇네요. 신고가를 경신한 뒤에도 그대로 쭉쭉 오를 것 같은 느낌이 들어요.
이건 사야지!

저런, **뒤늦은 매수는 금물**이에요!

5-05 실전! 매수 패턴 ④
강력한 상승 트렌드의 눌림목에 산다!

■ 상승 트렌드 한가운데에서 매수하는 전략 '눌림목 매수'

이어서 살펴볼 매수 패턴은 상승 트렌드의 한가운데에서 주식을 사는 전략인 '눌림목 매수'다. 지금까지 상승 트렌드일 때 매수하는 일의 중요성을 여러 번 강조했는데, 상승 트렌드라고 해서 아무 때나 주식을 사도 되는 것은 아니다. 상승 트렌드의 '어디에서' 사야 하느냐 하는 문제는 의외로 어렵다.

주가가 상승하는 중이라도, 매수 과열 수준일 때 주식을 사면 주가가 더 오를 여지가 없기 때문에 사자마자 주가가 하락할 가능성이 있다.

상승 트렌드를 확인하고 주가가 일시적으로 하락할 때(눌림목)를 노리는 방법이 트렌드에 편승해 수익을 노릴 때의 기본 전략이다.

우선은 그림을 보죠. 그림에서 빨간 원으로 표시한 부분이 '눌림목'의 타이밍입니다

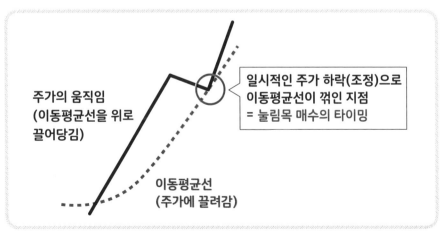

일시적인 주가 하락(조정)으로 이동평균선이 꺾인 지점
= 눌림목 매수의 타이밍

주가의 움직임
(이동평균선을 위로 끌어당김)

이동평균선
(주가에 끌려감)

그랜빌의 법칙과 비슷한 모양인데요?

예리하시네요. 그랜빌의 법칙에서 소개한 매수 패턴인 ⓒ가 이 패턴과 똑같습니다(자세한 내용은 74페이지).

눌림목 매수에서 중요한 부분은 이동평균선과 주가의 거리다. 이동평균선과 주가가 서로 떨어져 있는 부분이 아니라, 상승세가 멈추고 조금 하락하기 시작해서 이동평균선과 접촉하는 부분을 노리는 것이 눌림목 매수의 전략이다. 실제 차트를 보자. 이번에는 10일 이동평균선을 사용했지만, 실전에서는 예전의 차트를 보고 그 종목에 잘 맞을 듯한 이동평균선을 찾아보자.

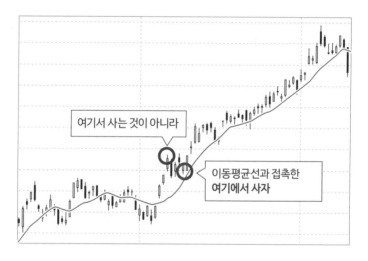

이렇게 '상승 트렌드는 확인했지만 상승이 잠시 약해져서 이동평균선까지 주가가 다시 내려온' 지점을 노려서 매수하는 것이 눌림목 매수다.

그렇군요. 상승 트렌드 속에서 조금이라도 싼 지점을 노리는 거네요.

 이번 같은 경우에는 지정가 매수 주문이 효과적입니다. 이동평균선 부근의 가격에서 매수 주문을 넣어 두면, 주가가 내려가서 이동평균선과 가까워진 지점에서 살 수 있을 거예요.

5-06

실전! 매수 패턴 ⑤

삼각수렴을 벗어나 올라갈 때 산다!

■ 삼각수렴을 벗어나 올라갈 때 산다

2일째에 배운 '삼각수렴'이군요!

네. 실제 닛케이 평균 주가 차트를 봅시다. 빨간 원으로 표시한 '심리적 저항선을 뚫고 위로 올라가는 타이밍'이 매수 패턴입니다.

삼각수렴의
차트 패턴

상승할 때 매수!

예전에 15만 원 부근에서 세 번 정도 다시 하락했네요. 애를 태우네~

이렇게 몇 번이고 다시 하락하는 무거운 가격대를 심리적 저항선이라고 합니다.

'저항선'은 58페이지에도 나왔죠.

앞 페이지의 차트에서는 15만 원 부근에서 주가가 몇 번이고 다시 내려가는 한편, 하락해서 도달한 가격대는 점점 상승하는 것을 알 수 있다. 이것은 **강세 삼각수렴의 전형적인 형태**로, 네 번째에 15만 원을 돌파하는 데에 성공한 후에는 깔끔하게 상승 트렌드가 되었다.

이번의 15만 원 라인과 같이 **주가가 몇 번이고 반락하는 심리적 저항선은 매도하고자 하는 사람이 많은 가격대임**을 알 수 있다. 심리적 저항선 직전에 매수하면 심리적 저항선에서 주가가 다시 하락할 가능성이 있으므로, 심리적 저항선을 뚫고 올라간 후를 노리자.

고수가 되면 심리적 저항선의 돌파를 예상하고 주식을 살 수도 있지만, 기본은 주가가 심리적 저항선을 돌파한 후 주식을 사는 것입니다.

역지정가 매수 주문을 이용한다

이번 경우라면 15만 원을 돌파하는 시점을 지정해서 매수하는 것이 이상적이다. **역지정가 매수 주문**을 이용하면 심리적 저항선의 주가를 돌파한 후 원활하게 매수할 수 있을 것이다.

다만 어떤 타이밍에 주식을 구입하든, **가짜 신호를 만날 가능성은 있다고 생각해야 합니다.**
가짜 신호에 당했다면 그 사실을 깨달은 시점에서 빨리 손절로 대응합시다.

가령 이번 경우에 15만 원보다 올라간 지점에서 매수했다가 가짜 신호에 당했다면, 어느 정도 주가에서 손절하면 되나요?

이번 경우라면 손절은 15만 원보다 조금 내려갔을 때 실행하는 것이 이상적입니다.
주가가 다시 15만 원보다 낮아졌다면 15만 원이 고가 전망이 될 가능성이 높기 때문이지요.

실전! 매수 패턴 ⑥

고가→가짜 하락→다시 고가에서 산다!

조금 어려운 매수 패턴을 살펴보겠습니다. 154페이지에서 이야기한 '신고가일 때 매수하는 전략'이 가짜 신호 때문에 손절로 이어진 경우, '다시 고가를 경신할 때 매수한다'라는 심리적으로 까다로운 매수 타이밍입니다

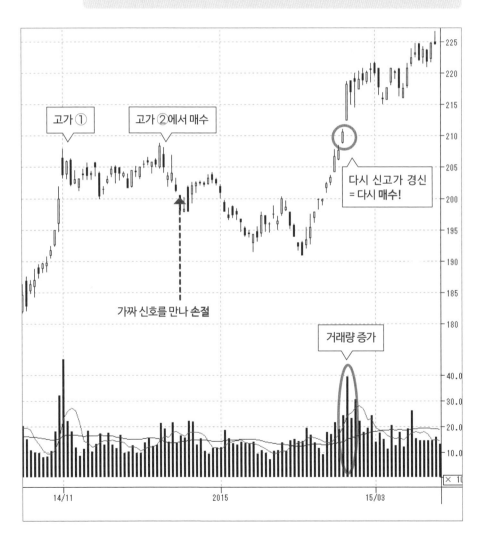

■ 신고가 경신을 노렸지만……

차트에서는 다시 고가를 기록하고(①) 그 후 다시 고가를 경신하려는 움직임을 보였지만(②), 결국 반락해서 주가가 떨어지고 말았다.

154페이지에서 이야기한 '신고가에서 매수하는 전략'을 생각한 경우라면, ②의 신고가 경신에서 주식을 샀다가 손절할 수밖에 없게 된 상황일 것이다. 다만 이 종목은 조금 하락한 후 결국 다시 거래량이 증가하며 신고가를 경신한다.

■ 손절 후 다시 매수하는 것이 정답인 경우가 많다

신고가를 확실하게 돌파하며 상승하기 위해서는 상당한 힘이 필요하다. 이번처럼 돌파할 줄 알았는데 다시 하락하고 마는 경우도 많다.

그때는 손절로 대응해야 하는데, 다시 매수 기회가 왔다면 매수한 지점보다 높은 주가라도 다시 매수하는 것이 정답인 경우가 많다.

한 번 손절한 주식을 다시 사는 건 왠지 마음이 안 내키는데요……

그러네요. 매도한 것보다 더 높은 가격에 매수하게 되면 더 안 내킬 것 같아요.

그 마음은 이해합니다.
하지만 예전에 얼마에 샀는지, 얼마에 팔았는지는 상관이 없어요.
감정적으로 거래하지 않고 매수 기회가 왔을 때 매수하는 것이 중요합니다.

❖POINT❖

주식투자를 하다 보면 과거에 매각한 것보다 높은 주가에 다시 사들이는 일도 자주 있다. 특히 차트 분석을 활용하는 스윙트레이드의 경우는 더욱 그렇다. 주가는 과거의 내 거래와는 무관하게 움직이므로, 감정에 휘둘리지 않도록 조심하자.

실전! 매수 패턴 ⑦

낮게 움직이던 종목의 거래량이 늘어나면 산다!

거래량의 추이를 지켜보는 일은 중요합니다. 특히 주가가 상대적으로 낮은 수준에서 움직일 때, 갑자기 매우 많은 거래량을 기록하는 상황이 있으면 기회입니다. 경우에 따라서는 거래량이 평소의 4배, 5배가 되기도 하지요.

■ 낮은 위치에서 거래량이 급증했다면 기회

낮은 위치에서 거래량이 급증했다면 거기서 단숨에 시장의 주목을 받아 주가가 급등하는 경우가 있다.

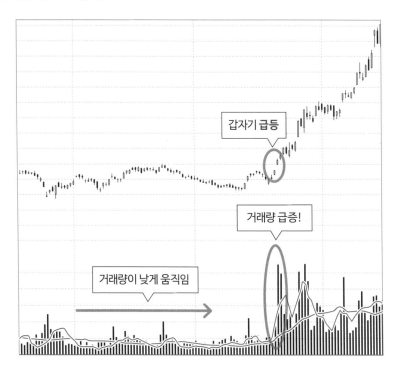

주가가 상대적으로 낮을 때 거래량이 급증했다면 기회인 경우가 많다. 이 차트

의 경우는 한 달 보름 정도의 기간 동안 주가가 50% 가까이 상승했다. 초반 타이밍에서 거래량이 평소의 몇 배로 증가했는데, 이 초반 타이밍에 주식을 살 수 있다면 큰 수익을 노리는 일도 가능한 것이 이 매수 패턴의 특징이다.

보고 있으면 꿈을 갖게 해 주는 패턴이네요.

그렇습니다. 인터넷에서 '거래량 급증 종목 순위'라고 검색하면 그날 거래량이 눈에 띄게 늘어난 종목을 쉽게 찾을 수 있으니, 한번 해 보세요.

■ 거래량이 급증한 이유를 확인하자

이런 거래에 뛰어들 마음이 생겼다면, 왜 갑자기 거래량이 급증했는지 제대로 확인하자.

예를 들어 '불상사가 생겨 주가가 바닥을 맴돌던 관리종목이었는데, 지원 기업이 나타났다는 소문 때문에 갑자기 거래량이 급증했다' 등 근거 없는 소문 때문에 거래량이 급증하는 경우가 있다.

소문의 진위가 판명되자마자 폭락한다는 결말은 피하도록 하자.

또 거래량이 늘어나기 전의 거래대금이 평균적으로 얼마 정도인지 확인할 필요가 있다.

거래량이 늘었다고 해서 신나게 자금을 들이부었는데 거래량이 평소 수준으로 돌아가 버리면, 매매가 줄어들어서 주식이 팔리지 않아 그저 묵혀두게 될 수 있다. 이렇게 되면 큰일이다.

❖POINT❖

주가가 상대적으로 높지 않은 위치에서 거래량이 평소의 몇 배로 늘어났을 때는 주목하자. 거기서 주가가 급등해 단기간에 큰 수익을 올리는 경우가 꽤 있다.

또 투자 전에는 왜 거래량이 급증했는지 알아보자.

실전! 매수 패턴 ⑧

고가를 뚫고 올라가는 컵위드핸들에서 산다!

2일째에 95페이지에서 배운 '컵위드핸들' 차트 패턴을 기억하시나요?

당연히 기억하죠. 커피 컵 같은 모양이 인상적인 차트 패턴이었어요!

맞습니다.
컵위드핸들은 저가권과 신고가 경신에서 나타난다고 설명했는데, 그 '신고가 경신' 타이밍이 매수 패턴이지요.

■ 신고가를 경신하는 컵위드핸들에서 산다

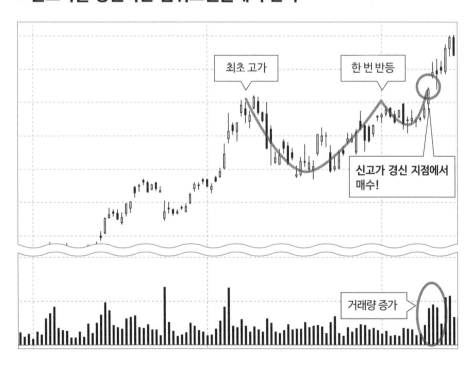

깔끔한 컵 형태가 보이네요.

네. 신고가를 기록한 후 컵위드핸들의 차트 패턴이 나타나는 일은 흔합니다.

신고가 경신 종목을 찾아내자

고가를 뚫고 올라가는 컵위드핸들의 움직임을 보이는 종목을 찾아내는 방법으로는 '신고가 경신 종목을 차트 툴 목록에 등록하기'가 있다.

한 번 신고가를 기록한 후 조정의 움직임을 발견하면 매수 기회를 대비하자.

그렇군요. 그 외에 조심할 부분이 있나요?

98페이지에서도 이야기한 대로 역시 주가가 급등할 때 거래량을 주의할 필요가 있습니다.

■ 주가가 급등할 때는 거래량을 본다

이 매수 타이밍에서도 주가가 급등할 때 거래량을 주의할 필요가 있다. 거래량이 증가하면서 신고가를 경신한 경우, 그 흐름에 올라타서 수익을 노리자.

그리고 결산 발표 일정 등도 확인한 후 투자하는 것이 안전하다.

결산에 대한 기대로 주가가 상승하고, 결산 발표와 동시에 주가가 폭락하는 일도 있다. 스윙트레이드라도 종목의 재무 상태와 뉴스 등 최소한의 사항은 반드시 확인해야 한다.

특히 결산 일정은 미리 계획되어 있으므로 확인한 후 투자하자. 여기에 대해서는 200페이지에서 자세히 설명하겠다.

5-10   실전! 매수 패턴 ⑨
매도 정점에서 트렌드를 거슬러 산다!

마지막으로 고수를 위한, 트렌드를 거스르는 매수 패턴입니다. 주가가 크게 하락한 지점에서 주식을 사는 투자 전략입니다

■ 거래량을 주목한다

아래의 봉차트는 25일 이동평균선과 25일 이격도를 표시한 것인데, 주목할 부분은 거래량이다.

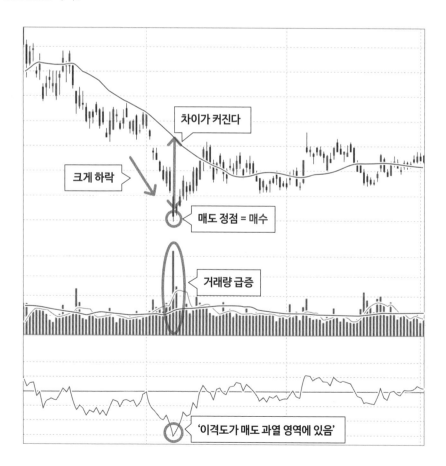

차이가 커진다

크게 하락

매도 정점 = 매수

거래량 급증

'이격도가 매도 과열 영역에 있음'

거래량이 크게 증가하면서 이동평균선과의 차이가 커지는 부분이 있네요.

■ 매도 정점을 노린다

이 차트와 같이 하락 트렌드의 마지막에 매도가 많아져서 거래량이 급증하는 일이 있다. 그때까지 꿋꿋하게 계속 주식을 보유하고 있던 사람들도 '이제 더 이상은 못 버티겠다'라며 내던지는 국면이다.

이 타이밍은 매도 정점이라고도 하며, 거래량의 평소의 몇 배까지 증가하고 거기서 주가가 반등하는 경우가 있다. 매도 정점의 가장 낮은 부분이 매수 타이밍이다.

■ 왜 하락하는지도 주목하자

매도 정점에서 매수해 수익을 노릴 때는 다음과 같은 세 가지 사항을 주의하자.

- 개별 종목의 뉴스 등을 확인한다
- 거래량의 증가를 확인한다
- 주가가 반등한 시점에서 수익을 확정한다

주가가 크게 하락하는 가운데 주식을 사서 수익을 노리는 경우는 '왜 하락하고 있는가?'라는 이유가 중요하다. 경우에 따라서는 회사에 생긴 불상사 등이 원인이기도 하므로 주가가 회복되지 못할 수 있다.

또 매도 정점을 노리는 매수 전략은 곧 하락 트렌드의 한복판에서 주식을 사는 전략이다. 반드시 트렌드가 반전되어 상승으로 돌아선다는 보장은 없으므로, 미리 목표 주가를 정한 후 주식을 사고 주가가 목표 주가에 다다른 단계에서 수익을 확정하자.

매도 정점을 노리고 주식을 산 경우의 매도 전략에 대해서는 185페이지에서 자세히 설명하겠습니다.

실전!
돈이 벌리는 '매도'
신호는 여기!

매수 패턴을 배웠으니 이제 매도 패턴을 배울 차례다. 주식을 파는 타이밍은 아주 까다롭다. 매수 타이밍만 중시하고 언제 팔면 되는지에 대한 언급이 적은 책도 많다. 기본적인 매도 패턴을 이번 수업에서 공부하자.

결국 주식은 '언제 팔까?'가 중요

■ 주식은 사기보다 팔기가 어렵다

지금부터는 매도 타이밍을 살펴보겠다. 주식은 매도할 때 비로소 한 번의 거래가 완료되는 것이다.

주식은 사기보다 팔기의 난도가 훨씬 높고 최종 손익에 대한 영향도 더 크다.

6일째에는 '언제 파는가' '왜 파는가'의 근거를 확실히 밝히면서 어떤 매도 패턴이 있는지 공부할 것이다.

최종 손익에 큰 영향을 미치는 것이 매도 전략이다. 확실하게 배워 나가자.

 주식은 사고 나서 끝이 아닙니다. 오히려 주식을 산 후의 대응이 성패를 가르지요.

언제 팔아야 하는지 하는 문제는 어려워요. 손해를 볼 때도 있고, 이득을 볼 때도 있다고요.

 그렇습니다.
매각할 때는 아무래도 얼마나 손해를 볼지, 얼마나 이익을 날지 계산하게 됩니다.
매수 타이밍과 비교해서 매도 타이밍의 난도가 더 높다는 점을 기억해 두세요.
'주식은 언제 사든 똑같다. 파는 타이밍이야말로 승패를 가른다'라고 단언하는 투자가도 있을 정도니까요.

아, 그렇군요……

보유한 주식을 파는 타이밍이 어려운 이유는

- 매도를 통해 손익이 결정된다
- 그 뒤에도 주가가 계속 움직인다

주로 다음과 같은 두 가지다.

팔기가 어려운 이유 ① 매도를 통해 손익이 결정된다

주식을 사는 시점에서는 아직 손실도 없고 수익도 없다.

그러나 팔 때는 손실과 수익의 액수를 직접 느끼며 거래하게 된다. 이것은 심리적으로 매우 큰 압박이다.

손실은 조금이라도 더 줄이고 싶고 수익은 조금이라도 더 키우고 싶은데, 살 때는 생각하지 못했던 날것 그대로의 금액이 머릿속에 떠오르므로 매도는 난도가 높은 경우가 많다.

거래할 때는 미실현 손실과 미실현 이익은 그다지 생각하지 않는 것이 현명하다.

그야말로 '그저 숫자'라고 생각하며 임할 때 좋은 결과로 이어지기 쉽다.

팔기가 어려운 이유 ② 그 뒤에도 주가가 계속 움직인다

매도가 어려운 이유는 역시 매도 후에도 주가가 계속 움직이기 때문이다.

손절한 후나 수익을 확정한 후 주가가 급등하면 어떨까? 분명 이유 없이 분할 것이다.

아직 거래도 안 했는데 알 것 같아요⋯⋯. 매도는 정말 어려운 것 같네요.

그렇지요. 하지만 '매도는 어렵구나'라고 알아두는 것이 중요합니다.
그 사실을 알면 대책을 세우고자 하게 되니까요. 매도 전략을 공부하고 조금씩 실력을 키워 나갑시다.

6-02 팔 때의 3가지 이유

두 분은 보유한 주식이 어떻게 되었을 때 파실 건가요?

역시 충분한 수익을 올렸을 때 팔 것 같아요.

반대로 손해를 봤을 때도 팔아야겠죠.
가짜 신호에 당했다는 사실을 깨달았을 때는 손절로 팔아야 되는 게 맞죠?

매수를 배울 때 테크니컬 지표와 차트 패턴에서 찾을 수 있는 '매수 신호'를 주목했듯이, 매도 신호가 나타났을 때도 마찬가지로 팔 때죠? 가령 헤드앤숄더 형태를 발견했을 때라든가……

잘 기억하고 계시네요. 살 때는 '수익이 날 것 같다'라고 생각되는 타이밍에 샀는데, 팔 때는 '수익이 날 때(수익 확정)'와 '손절할 때' 두 가지를 모두 생각해야 합니다.

매도 타이밍은 기본적으로 다음과 같은 세 종류의 사고방식으로 이루어져 있지요.

• 목표 주가를 달성하면 판다(수익 확정)
• 기준 가격에서 일정한 폭으로 하락하면 판다(손절 또는 수익 확정)
• 위험을 감지하면 판다

하나씩 살펴봅시다.

주식을 팔 때 ① 목표 주가를 달성하면 판다

이 매도 패턴은 기본적으로 수익을 확정할 때 이용하게 된다. 수익을 확정하는 매도 주문을 할 때는 언제 매도해야 할지 매우 망설이게 된다.

그 대답 중 하나가 미리 목표 주가를 설정해 두고 거기서 매도하는 방법이다. 이 경우 '○○원이 되면 판다'라는 지정 주문을 이용하면 편리하다.

목표 주가를 결정할 때는 '매수한 주가보다 10% 상승하면 판다'라는 형태로 결정하는 방법도 있고, '이 정도까지 상승할 것 같으니까 여기서 수익을 확정하자'라고 거래할 때마다 다르게 결정하는 방법도 있다.

6일째

실전! 돈이 벌리는
매도 신호는 여기!!

139페이지에서 배운 지정 주문을 활용하는 거군요.

 그렇습니다.
목표 주가를 결정하는 방법은 여러 가지이니 나중에 더 자세히 공부하겠습니다.

주식을 팔 때 ② 기준 가격에서 일정한 폭으로 하락하면 판다

'기준 가격'을 설정하고 거기서 일정한 폭으로 하락하면 판다는 사고방식이다. 수익을 확정하는 경우와 손절하는 경우 모두 사용할 수 있다.

기준이 되는 가격을 '매수 후의 고가'로 설정하는 경우를 생각해 보자.
'매수 후의 고가 – X원에서 매도' 등의 트레일링 스탑 주문(144페이지 참고)을 해 두면 매도 타이밍을 계산할 필요가 없다. 트레일링 스탑 주문은 주가가 오르면 매도 주가도 서서히 올라가는 주문 방법이므로 수익 확정과 손절에 모두 대응할 수 있다.

다음으로 '매수 가격'을 기준 주가로 설정하는 경우가 있다. 이 매도 패턴은 손절을 할 때 사용한다.

예를 들어 '매수한 주가 − 4%'와 같이 역지정가 시장 주문을 할 수 있다.

이 방법이라면 스윙트레이드 거래 한 번의 최대 손실액을 미리 설정할 수 있다.

최대 손실을 설정해 두지 않으면 10%나 20%를 잃을 수도 있고, 최악의 경우 한 번의 거래에서 돌이킬 수 없는 손해를 볼 위험마저 있으므로 이 방법이 효과적이다.

미리 설정해 둔 최대 손실을 기준으로 역지정가 시장 주문을 넣어 두면 손실액이 최대 손실 범위 내에 머무르도록 할 수 있다.

최대 손실을 결정하고 나면 역지정가 시장 주문을 넣으면 되는 거죠?

네.
역지정가 시장 주문을 넣어 두면 안심할 수 있습니다.
한 번의 거래 당 최대 손실을 설정해 두지 않으면 스윙트레이드에서 성공하기 어려우니 주의할 필요가 있어요.

주식을 팔 때 ③ 위험을 감지하면 판다

차트 패턴과 테크니컬 지표에 대한 부분에서 매수 신호와 함께 매도 신호도 공부했다. '매도 신호가 나타났을 때 판다'라는 방법도 매도 방법으로 이용할 수 있을 것이다.

아까 오카와 씨가 '헤드앤숄더의 형태를 발견하면 판다'라고 말씀하셨는데, 이렇게 위험을 느꼈을 때 파는 일은 중요합니다.
지금까지 배운 테크니컬 지표 등의 '이렇게 되면 매도 신호'라는 부분을 발견했을 때지요.

지금까지 공부한 차트 분석이 도움이 되겠네요.
차트 분석을 배워 두면 위험을 발견하고 일찍 매도할 수 있군요.

그렇습니다. 두 분 모두 처음과 비교하면 아주 많이 성장하셨네요.

헤헤헤. 그래도 위험을 감지하면 판다는 방법은 항상 주가를 지켜볼 수 없는 저나 마리코 선배한테는 어렵지 않을까요?

일정한 폭으로 하락하면 파는 방법이나 목표 주가에 다다르면 파는 지정가 주문과 비교하면 난도가 높게 느껴질 수 있지요. 그래도 매일 퇴근 후 차트를 보며 주문을 수정하면 가능합니다.

가령 5일 이동평균선보다 아래로 내려가면 팔기로 계획할 때, 어떤 날은 역지정가 5,000원 이하가 되면 매도한다는 주문을 넣고, 다음 날은 이동평균선이 상승해서 5,030원 이하가 되면 매도하기로 지정가를 바꾸는 겁니다.

다시 말해 주식을 보유하고 있을 때는 매일 주가를 보며 대응하면 되는군요. 알았습니다.

❖POINT❖

매도 방법은 크게 세 가지 방식으로 나눌 수 있다.

- 기준 가격에서 일정한 폭으로 하락하면 판다
- 목표 주가를 달성하면 판다
- 매도 패턴에 들어맞으면 판다

이 세 가지 방식을 기본으로 삼고, 또 서로 조합하면 좋다. 조합의 예는 다음 페이지부터 구체적으로 설명하겠다.

6-03 심리적 저항선이 되면 판다!

이제부터는 매도 패턴을 실제 차트에서 확인해 보겠습니다.
매도 패턴은 매수한 시점과의 관계가 중요하므로 '주식을
산다~주식을 판다'라는 일련의 흐름을 전체적으로 공부해
보죠.

'주식을 산다~판다'라는 일련의 흐름이요?
재미있을 것 같지만 따라갈 수 있을지 모르겠어요.

한 번 읽고 전부 확실하게 이해하지 못해도 괜찮습니다.
일단 쭉 배워 보고, 그 후에는 자신만의 속도로 계속 공부해
나갑시다.

■ 목표 주가를 설정하고, 그 목표 주가에서 판다

목표 주가를 설정하고 그 목표 주가에서 파는 방법을 살펴보자. 아래의 차트를
예로 들 수 있다.

어떤 타이밍에 매수했는지 아시겠나요?

오! 이건 눌림목 매수 타이밍(157페이지 참고)에서 매수한 거죠!?

정답입니다.
매수 패턴 중 전형적인 형태지요.
그다음에는 어디서 팔지 생각합니다.
주가가 오르는 경우, 어디까지 오를까요?
과거의 가격 동향을 보면 최근의 고가인 5,250원 부근이 심리적 저항선이라고 생각할 수 있습니다.

■ 심리적 저항선 조금 전에 판다

그러면 심리적 저항선인 5,250원에서 지정가 주문으로 매도할 생각을 하면 되나요?

심리적 저항선 부근에서는 주가의 동향이 조금 무거워질 가능성을 생각할 수 있기 때문에 그보다 조금 전에 지정가 매도 주문을 넣어 두면 좋을 겁니다.
물론 손절을 위한 역지정가 시장 매도 주문도 잊지 않는 것이 중요하고요.

심리적 저항선에서 주가가 다시 내려가는 일이 자주 있으므로, 심리적 저항선을 5,250원으로 생각한 경우는 5,250원 부근에서 주가의 상승이 멈출 것이라고 가정한다.

5,250원이 되기 조금 전에 예를 들어 5,230원 지정가로 매도 주문을 고려하면 좋을 것이다.

■ 가격 폭이 충분한지 생각하고 산다

중요한 것은 매수하는 시점에 '지금 주식을 산다면 심리적 저항선인 5,250원 직전에 매각할 때 가격 폭이 충분할까'를 생각하고 나서 투자하는 일이다.

손절의 주가와 이익 확정의 주가 사이의 관계를 생각하고, 다음과 같은 상태가 아니면 애초에 거래해도 이득이 없음을 생각하자.

- 손절까지의 폭<수익 확정까지의 폭

앞 페이지의 차트에서 주식을 매수하는 지점의 주가는 4,100원 정도이므로 5,230원에서 매각하면 27% 이상의 수익이 된다. 충분히 투자 가치가 있다고 생각할 수 있지만, 이 주식을 5,000원에 산다면 어떻게 될까?

5,000원에 사면 수익이 적어서 그다지 보람이 없을 것이다.

■ 심리적 저항선으로 생각할 수 있는 주가

이번에는 최근의 고가를 심리적 저항선으로 간주해 판단의 근거로 삼았다. 심리적 저항선으로 생각할 수 있는 주가에는 다음과 같은 것들이 있다.

- 과거의 고가
- 매매가 많았던 가격대
- 몇 번 반락한 주가
- '정확히 1만 원' 등 딱 맞아떨어지는 주가

❖POINT❖

주가가 상승해도 심리적 저항선에서 그 상승이 멈추는 일이 흔하다.

심리적 저항선 부근에서 주가가 무거워진다고 생각하고 그보다 조금 전의 주가에서 수익 확정을 생각하면 좋을 것이다.

또 수익 확정까지의 가격 폭과 손절까지의 가격 폭의 관계는 매수 전에 미리 생각하자.

'손절까지의 폭<수익 확정까지의 폭'이 아니면 거래하는 보람이 없다.

실전! 매도 패턴 ②

6-04 차트 패턴에서
목표 주가를 산출해 판다!

■ 헤드앤숄더에서 목표 주가를 산출

이제 차트 패턴을 이용한 매도 패턴을 공부해 보자.

구체적으로는 차트 패턴을 이용해 목표 주가를 설정하고, 그 금액에서 지정가 주문을 하는 방법이다. 아래 차트의 돌파 타이밍에서 주식을 산 경우를 생각해 보자.

> 역헤드앤숄더의 돌파 타이밍(83페이지 참고)에서 샀군요!

그리고 매도 목표 주가를 역헤드앤숄더 차트 패턴에서 산출한다. 상승의 기준은 넥라인에서 하락한 가격까지의 폭이다. 매수한 위치에서 그 폭만큼 상승했을 때 수익 확정을 생각하자.

> 그렇군요. 이건 쉽네요.

179

수익을 확정할 목표 주가를 설정하고 거기서 지정가 주문을 해 두면 되니까 확실히 이해하기 쉽지요.
다만 수익 확정 주가 전에 심리적 저항선이 되는 주가가 없는지 확인해 둡시다.

그러네요. 수익을 확정할 목표 주가 전에 심리적 저항선이 없어야 좋겠네요.

■ 큰돈은 기대할 수 없는 매도 방법

네, 맞습니다.
참고로 이 방법은 이해하기 쉽다는 장점이 있지만, 그다지 큰돈을 기대할 수는 없습니다.

어? 왜 그런가요?

처음에 수익을 확정할 목표 주가를 설정해 버리면, 상승 트렌드가 계속되며 주가가 크게 오를 때에도 그 대폭 상승 전에 수익 확정을 하고 말 가능성이 높기 때문입니다.
수익 확정을 위한 지정가 주문을 한 시점에서 최대 수익이 결정되고 마는 것이죠.

다음 페이지에서 소개할 '목표 주가를 서서히 높이는 매도 방법'의 경우는 한 번의 거래로 큰 수익을 노릴 수 있습니다.

목표 주가를 결정하고 지정가 주문을 해 두는 매도 패턴은 이해하기 쉽지만, 그후 주가가 크게 상승해도 그전에 수익을 확정해 버린다는 측면이 있음을 기억해 두자.
한 번에 큰 수익을 낼 수는 없지만 손절의 폭<수익 확정의 폭인 거래를 반복하면 최종적으로 성공할 수 있다.

실전! 매도 패턴 ③
'멀리 올라가거'나 '뚫고 내려가면' 판다!

 이어서 상승 트렌드에서 주가 상승에 맞춰 수익을 확정하면서, 트렌드가 무너지면 매도하는 패턴입니다. 잘되면 매우 큰 수익을 올릴 수 있지요.

■ 주가 상승에 맞춰 수익을 계속 확정하면서, 무너지면 매도

여기서 소개할 방법은 상승 트렌드에 편승해서 수익을 노릴 때 꼭 검토하기를 바라는 매도 방법이다.

가령 위 차트에서 빨간 원으로 표시한 타이밍에 매수했을 때, 다음과 같은 가격으로 지정가 주문과 역지정가 주문을 조합한다(몇 퍼센트로 설정하느냐는 종목에 따라 다르다. 종목에 따라 적절하다고 판단되는 주가를 설정하자).

- 25일 이동평균선보다 8% 상승하면 매도
- 25일 이동평균선보다 8% 하락하면 매도

물론 이동평균선의 위치는 매일 달라지므로, 주식을 보유하고 있는 동안은 매일같이 지정가를 변경한다.

이 매도 방법에는 어떤 장점이 있는지 아시겠어요?

음, 이동평균선에서 많이 멀어질 만큼 상승하면 그 급등한 지점에서 주식을 팔 수 있어요.

그렇습니다. 급등한 지점에서 수익을 확정할 수 있는 장점도 있지요. 동시에 주가와 이동평균선이 함께 상승하면 매도할 주가도 조금씩 상승할 것을 기대할 수 있습니다.
다시 말해 상승 트렌드에 잘 올라타면 한 번의 거래로 큰 수익을 올릴 가능성이 있습니다.

■ 경우에 따라 큰 수익으로 이어진다

● **25일 이동평균선보다 ○% 상승하면 매도**

이 주문을 주목하자. 주가의 상승은 반가운 일이지만 '매수 과열' 수준에 다다르면 그 후 매수 과열이 아닌 수준으로 돌아갈 가능성도 있다.

이번 매도 패턴은 이동평균선에서 크게 멀어지면 그 단계에서 수익을 확정하므로, 매수 과열에 대한 대책도 된다.

다음 페이지의 차트를 봅시다. 이동평균선에서 크게 멀어져 상승했을 때 매도했지요.
이때 거래량도 급증했습니다. 상승 트렌드에 편승해서 가능한 한 많은 수익을 올리는 동시에 적절한 타이밍에 매도하고 빠져나온 거예요.

꿈꿔 볼 만하네요~!

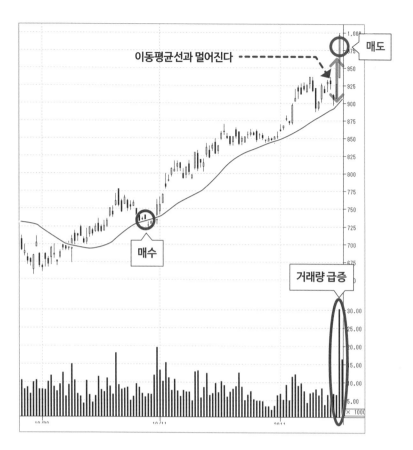

 이 예에서는 수익을 잘 확정했지만, 물론 트렌드가 무너졌다고 판단한 경우는 거기서 손절하는 것도 중요합니다. 그것이 지정가 매도와 역지정가 매도의 조합에서 또 하나의 조건입니다

■ 트렌드가 무너지면 매각할 수 있다

● 25일 이동평균선보다 ○% 내려가면 매도

이 주문을 주목하자. 이동평균선보다 내려가면 매도한다는 것은 **상승 트렌드가 무너질 가능성을 느낀 단계에서 매도**한다는 뜻이다.

반대로 꾸준히 상승해서 트렌드가 무너지지 않으면, 역지정가도 아주 서서히 상승한다.

역지정가는 손절할 때 사용할 것을 추천하지만, 이번 같은 패턴의 경우 <u>주가와 거기에 따른 이동평균선의 상승에 따라 역지정가도 상승</u>한다.

이건 어딘지…… 트레일링 스탑 주문(144페이지 참고)과 비슷하지 않나요?

트레일링 스탑 주문처럼 고가를 기준으로 삼는 것이 아니라 이동평균선을 기준으로 삼기 때문에 역지정가를 사용하는 겁니다.

트레일링 스탑 주문과 똑같은 사고방식이지만, 매도의 기준선을 단순히 '고가-X%'로 삼는 것이 아니라 <u>이동평균선과 떨어진 정도를 기준으로 역지정가를 설정하는 부분이 핵심이다.</u>

복잡하지만 장점이 많아 보이네요.

이번처럼
· 크게 상승하면 매도
· 트렌드가 무너질 가능성이 보이면 매도
라는 복잡한 주문을 조합하는 연습을 하면, 상승 트렌드일 때는 가능한 한 수익을 올릴 수 있고, 최소 손실과 최대 수익을 실현하기 쉽습니다.

6-06

실전! 매도 패턴 ④

트렌드를 거슬러 매수한 가격에서
원래대로 돌아가면 판다!

■ 욕심부리지 않고 원래대로 돌아가면 매도

마지막으로 트렌드를 거슬러 주식을 산 경우의 매도 패턴을 살펴보자. 트렌드를 거스르는 매수는 167페이지에서 배운 대로 주가가 크게 하락했을 때 사들이는 전략이다. 우선 아래의 차트를 보자.

이동평균선으로
돌아가면 매도

트렌드를 거슬러 매수

 위의 차트에서는 트렌드를 거슬러 매수하고, 이동평균선 부근으로 주가가 돌아간 단계에서 수익을 확정했습니다.

 어! 아까워요! 더 상승한 지점에서 수익을 확정했어야 하는 것 아닌가요? 최소 손실 최대 수익!

 이번에는 매도 후에도 계속 상승했지만, 트렌드를 거슬러 매수할 때는 그 후 하락 트렌드의 흐름에 말려드는 경우가 꽤 있어요.

분명 선생님은 '최소 손실 최대 수익'이라고 하셨지만, 5일째 수업에서 '싸게 사서 비싸게 팔기는 어렵다'라고도 하셨죠……

 잘 기억하시네요.
트렌드를 거스르는 매수에서는 수익 폭이 작더라도 리스크를 생각해서 일찍 빠져나오는 것이 안전합니다. 성공률을 통해 수익을 노리는 것이 트렌드를 거스르는 투자의 기본이지요.

그러고 보니 5일째 수업에서 스윙트레이드는
· 비싸게 사서 더 비싸게 판다
· 싸게 사서 싸지 않을 때 판다
둘 중 하나라고 생각해야 한다고 배웠죠!

그거 아까 내가 말했어!

■ 트렌드를 거스를 때는 확률도 나름대로 생각할 필요가 있다

스윙트레이드에서는 최소 손실 최대 수익이 중요하지만, 트렌드를 거스르는 경우에는 확률도 나름대로 생각할 필요가 있다.

트렌드를 거스를 때는 하락 트렌드의 흐름에 말려드는 경우가 많으므로, 조금 일찍 수익을 확정하고 그만큼 확률을 중시하는 것이 일반적이다. 어쨌든 수익을 늦게 확정해서 결국 큰 손실을 보는 일만큼은 피해야 한다.

참고로 주식을 보유하고 있으면 한 번 미실현 이익을 본 후 손절해야 하는 경우가 있는데, 이 타이밍의 손절은 매우 어려운 법이다.

한 번 미실현 이익을 보고 나면 '최소한 플러스마이너스 0은 돼야지'라고 생각하기 쉽기 때문이다.

그러나 손절을 할 줄 모르면 스윙트레이드로 돈을 벌 수 없다. 내키지 않아도 손절해야 할 때 확실히 손절하는 것이 중요하다.

주식으로
실패하지 않기
위해……

마지막 날인 오늘은 돈을 버는 데에 필요한 사고방식과 약간의 비결을 공부하겠다. 약간의 차이가 커다란 손익 차이로 이어지는 것이 스윙트레이드다.

머리로는 이해해도 실제로 투자하는 단계가 되면 어려운 일들이 생겨난다. 열심히 공부해서 성공한 투자자가 되자!

7-01 실제로 거래를 시작할 때
필요한 점을 배우자

 이제 이 책도 얼마 안 남았네요. 두 분 모두 많이 성장하셨습니다. 마지막 날인 오늘은 거래할 때마다 약간의 차이를 낳는, 실패하지 않기 위한 포인트를 공부해 보죠.

아주 조금의 차이라…… 솔직히 엄청난 효과가 있는 비결이 알고 싶은데요.

 사람에 따라서는 엄청난 효과가 있는 비결일 수도 있어요. 그리고 사실 아주 조금의 차이가 최종적으로 큰 차이로 이어진다는 사실도 잊으면 안 됩니다.

 수많은 거래를 반복하는 스윙트레이드에서는 수익률을 0.1% 개선하는 것만으로 최종적으로 몇십만 원, 몇백만 원의 효과를 거두는 일도 드물지 않지요.

좋아, 오늘 수업을 잘 듣고 억만장자를 노리겠어요!

■ 거래에 아주 작은 차이를 가져오는 비결을 공부하자!

7일째 수업에서는 실제 스윙트레이드에 임하기 전에 알아둬야 할 중요한 지식을 소개하겠다.

차트 분석의 이야기에 그치지 않고, 배워 둬야 할 사고방식 등을 설명할 것이므로 부디 라스트 스퍼트라고 생각하고 공부하기 바란다.

7-02 시장 전체의 규모도 확인하자

지금까지 투자 종목의 거래량을 파악하는 일이 중요하다고 이야기했는데, 거래량이 중요한 것은 개별 종목에 한정된 이야기는 아닙니다.
시장 전체가 상승을 향할 때도 매매는 활발해지는 법이지요.

■ 시장 전체의 상황은 개별 종목과도 관련이 있다

7일째
주식으로 실패하지
않기 위해······

시장 전체의 상황을 파악하는 일은 스윙트레이드에서도 중요하다.

가령 시장 전체가 상승 경향이고 수많은 사람들이 주식을 사는 일을 긍정적으로 여기면, 다소 나쁜 뉴스가 있어도 거래량이 그렇게 크게 떨어지지 않기도 한다.

반면 시장 전체가 하락 경향이고 비관적인 분위기가 감돌면, 좋은 뉴스가 있어도 매수가 저조한 경우가 있다.

극단적인 이야기이지만 테러나 천재지변 등의 사건사고가 있을 때는 주가가 상승하기 어렵다. 개별 종목에 투자하는 경우에도 최근의 거래량과 거래대금 경향을 조사해서 시장 전체의 과열 여부를 파악하는 일이 효과적이라고 생각하자.

시장 전체의 거래량이라는 게 있나요?

네, 예를 들어 도쿄증시 1부 전 종목의 거래량도 있고, 시장 전체를 볼 때는 거래대금의 추이도 이용합니다.

도쿄증시 1부 거래대금과 가격 동향의 관계를 본다

시장 전체의 가격 동향을 볼 때는 닛케이 평균 주가나 TOPIX 등의 지표를 보면 아주 편리하다.

닛케이 평균 주가와 TOPIX는 마치 시장 전체의 체온계와 같다고 할 수 있다.

또 닛케이 평균 주가가 대폭 상승했을 때는 반드시 도쿄증시 1부의 거래대금도 함께 확인하자.

전체 주가의 상승과 함께 도쿄증시 1부 거래대금이 증가했다면 앞으로도 가격이 위로 움직일 것이라고 생각할 수 있다.

한편 주가가 상승해도 거래대금이 그다지 증가하지 않았다면 곧바로 주가가 원래대로 돌아가는 경우가 많다.

■ 시장 전체가 가열되었다는 척도

거래대금이 어느 정도이면 시장 전체가 과열되었다고 생각할 수 있나요?

그건 시기에 따라 다르기 때문에 어디까지나 상대적으로 볼 필요가 있습니다.

가령 도쿄증시 1부의 거래대금이 한화 30조 원 전후에서 계속 움직인 후 25조 원이 되면 매매가 줄어든 것이고, 계속 20조 원 아래에 머무르다가 25조 원이 되면 매매가 증가한 것이다.

최근에는(2017년 5월 기준) 도쿄증시 1부의 거래대금이 25조 원에서 30조 원을 넘게 되어 시장이 활발해졌다.

❖POINT❖

개별 종목을 거래하는 스윙트레이드라도 시장 전체의 거래량과 거래대금이 어느 정도인지 확인할 필요가 있다.

거래할 때는 도쿄증시 1부의 거래량 합계와 거래대금 등에서 시장의 과열 여부를 확인하자.

너무 급격해도 너무 완만해도 안 된다!
'딱 좋은 주가 변동' 종목으로 승부하자

■ 주가 변동이 어느 정도 급격한 종목을 거래한다

스윙트레이드는 며칠에서 몇 주 동안의 수익을 노리는 투자 스타일이다. 그러므로 며칠에서 몇 주 동안 주가가 움직이는 다시 말해 주가 변동이 어느 정도 급격한 종목을 거래할 필요가 있다.

일반적으로 신흥 시장의 종목은 주가가 급격히 변동하기 쉬운데, 그렇다고 해서 변동이 지나치게 심한 종목을 거래하면 주가가 손절 수준까지 내려가는 경우가 많아진다.

 주가 변동이 너무 급격하지도 않고 너무 완만하지도 않은 종목은 어떻게 찾아야 하나요?

 좋은 질문입니다. 우선 변동성이라는 말을 알아둡시다.

■ 변동성을 이해하자

종목이 어느 정도 움직일지, 주가 변동의 급격함을 나타내는 말로 변동성이 있다. 쉽게 말하면 주가가 움직이는 정도를 변동성이라고 한다.

변동성이 높은 종목과 낮은 종목

변동성이 높은 종목은 가격 변동이 급격한 종목으로, 신흥 시장 등의 종목이 여기에 해당한다.

변동성이 낮은 종목은 비교적 안심하고 보유할 수 있지만, 스윙트레이드에서는 수익을 노리기 어렵다고 할 수 있다. 변동성이 적절한 종목을 찾는 일은 돈을 버는 데에 필요한 기술과도 같다. 변동성을 구하기 위한 계산식도 있지만 여기서는 간단하게 주가 변동의 대략적인 급격함을 파악하는 방법을 소개하겠다.

차트의 눈금을 보고 변동의 급격함을 파악한다

아래의 두 차트를 보자.

● 차트 ①

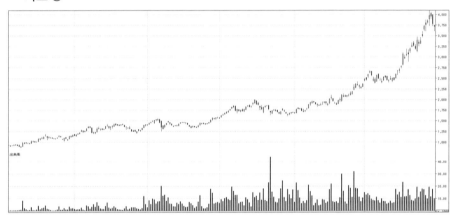

● 차트 ②

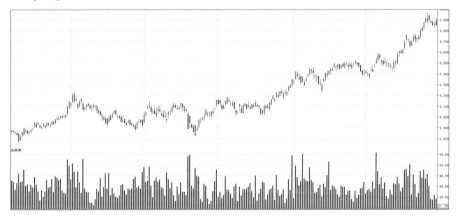

둘 다 6개월간의 차트이며 주가는 한화 40,000원 정도다. 얼핏 보면 똑같은 우상향 차트여서 변동성의 차이를 발견하기 어려울 수 있지만, 오른쪽의 주가 눈금을 보자. 차트①의 주가 눈금은 10,000원에서 40,000원이 되었다. 30,000원만큼의 눈금이 있고, 가장 아래의 눈금인 10,000원을 가지고 계산하면 차트①은 다음과 같다.

- **30,000÷10,000≒300%**

차트②의 눈금은 어떨까?
차트②의 주가 눈금은 28,000원에서 40,000원이므로 12,000원만큼의 눈금이 있다. 가장 아래의 눈금인 28,000원을 가지고 계산하면 다음과 같다.

- **12,000÷28,000≒43%**

이제 차이가 눈에 보일 것이다.
차트①과 차트②에서는 '차트①의 **변동성이 높다**'라는 점을 감각적으로 알 수 있을 것이다.

여기서 소개한 방법은 **정확한 변동성을 계산하는 방법은 아니지만**, 과거의 주가 변동을 보고 주가가 얼마나 급격히 움직이는지 대략 알 수 있습니다.

그렇군요. 저한테 맞는 주가 변동이 어느 정도인지 파악할 수 있을 것 같아요.

❖POINT❖

주가 변동이 어느 정도로 급격한지를 나타내는 지표로 변동성이 있다.
변동성이 높은 종목은 급격히 움직이고, 변동성이 낮은 종목은 완만하게 움직인다고 할 수 있다.
며칠에서 몇 주 동안 수익을 노리는 스윙트레이드에서는 어느 정도 변동성이 있는 종목을 거래하는 것이 기본이다. 그러나 변동성이 지나치게 높으면 주가가 손절 수준까지 내려가기 쉽다.
변동성의 정확한 계산법은 아니지만, 자신에게 적절한 변동성이 어느 정도인지 차트의 눈금을 이용해서 대략 파악해 두면 좋을 것이다.

종목 선택이 고민될 때는…

■ 종목 선택이 고민되면……

차트 분석을 투자 판단의 기본으로 삼는 스윙트레이드에서는 종목의 선택보다 타이밍의 선택이 중요하다고 이야기했다. 그러나 그렇다고 해서 아무 종목이나 다 좋은 것은 아니다.

어떤 종목을 선택해야 할지 고민하는 사람도 많을 것이다.

- 기본으로 알아둬야 할 종목 선택의 핵심
- 종목을 찾는 방법의 예
- 투자 판단에 이용하는 정보의 기준

여기서는 세 가지로 압축해서 종목을 선택하는 법과 정보를 활용하는 법을 공부해 보겠다.

■ 기본으로 알아둬야 할 종목 선택의 핵심

스윙트레이드뿐만이 아니라 주식투자에서 가장 피해야 할 것은 투자한 회사가 도산할 위험이다.

최악의 경우 투자한 금액을 모두 잃을 수 있다.

도산할 종목에 투자할 위험을 피하는 방법을 소개하겠다. 또 이 방법들은 會社四季報(회사사계보, 일본의 주식정보 잡지)를 이용하면 효율이 높아지므로 그렇게 하기를 추천한다.

관리종목이나 정리매매 종목이 아닌 종목을 선택한다

증권거래소에는 어떤 종목이 상장 기준에 저촉될 위험이 있으면 '관리종목'으로 지정하고, 상장폐지가 결정되면 '정리매매 종목'으로 지정한다는 규칙이 있다.

관리종목이나 정리매매 종목은 會社四季報(회사사계보)의 끝부분에 실려 있다. 이 관리종목이나 정리매매 종목에 대한 투자는 무슨 일이 있어도 피하자.

다만 관리종목이라도 매매가 활발한 경우가 많다. 관리종목 지정이 해제되면 주가가 급등하는 일이 흔하기 때문이다.

그러나 회사가 도산해 버리면 본전도 못 건진다. 거래량을 보는 일은 중요하지만, 도산하지 않을 회사를 고르는 일은 더 중요하다. 관리종목이나 정리매매 종목을 會社四季報(회사사계보) 끝부분에서 참고하자.

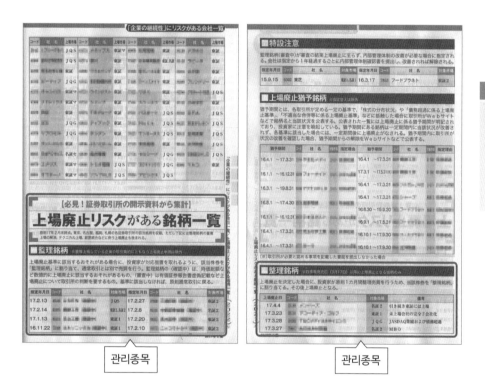

관리종목

관리종목

배당금을 지급하는 종목은 갑자기 도산할 가능성이 낮다

계속 배당금을 지급하는 기업이라면 갑자기 도산할 가능성은 낮다고 본다. 재무상황이 나쁘다면 배당금을 줄 수 없을 것이기 때문이다.

다음 사진은 會社四季報(회사사계보)에서 배당금 지급 여부를 볼 수 있는 부분이다.

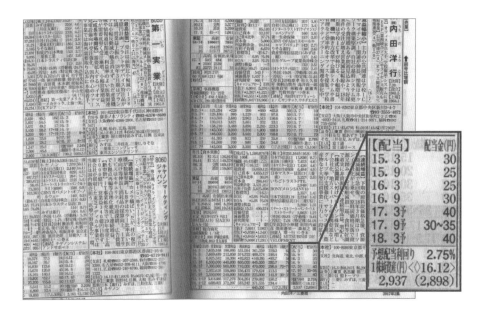

이익잉여금이 마이너스가 아니어야 한다

　會社四季報(회사사계보)의 재무란에 이익잉여금이 있다. 여기에 ▲표시가 있는 종목보다는 플러스인 종목이 도산할 가능성이 더 낮다고 볼 수 있다. 아래는 會社四季報(회사사계보)의 재무란에 있는 이익잉여금 표기의 예다.

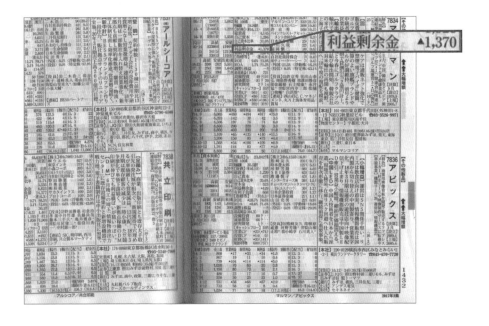

'계속기업가정에 관한……' 이라는 표기가 없어야 한다

재무 초과 등 재무와 관련된 문제가 발생한 경우 유가증권보고서에 기재할 의무가 있는 것이 '계속기업가정에 관한 주석' 또는 '계속기업가정에 관한 중요한 불확실성'이다.

이것도 會社四季報(회사사계보)의 개별 종목란이나 끝부분에 기재되어 있으므로, 이러한 주석을 발견했다면 피하는 것이 안전하다.

투자하던 종목이 갑자기 도산하거나 상장 폐지되는 일은 그렇게까지 흔하지는 않다.

그래서 '그런 종목을 만났다면 마치 사고를 당한 것이나 마찬가지이니 어쩔 수 없다'라고 생각하는 투자자들도 있을 정도다.

그러나 피하는 것이 좋다는 사실은 틀림없다. 여기서 소개한 방법 중 한두 가지를 기억하는 것만으로 도산의 위험은 상당히 많이 피할 수 있을 것이다.

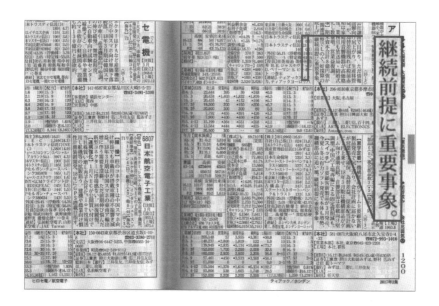

■ 종목을 찾는 방법의 예

이제 거래할 종목에 대한 최소한의 조건은 이해했을 것이다.
이어서 종목을 어떻게 찾아야 할지 확인해 보자.

거래할 종목을 찾는 방법은 다양한데, 여기서는

- 웹사이트를 이용해서 찾는 방법
- 증권사의 차트 툴을 이용해서 찾는 방법

위와 같은 것들을 소개하겠다.

웹사이트를 이용해서 찾기

종목을 찾는 데에 참고가 되는 사이트는 많다.

예를 들어 트레이더스 웹(http://www.traders.co.jp/)이라는 사이트가 있다. 이 사이트는 다음과 같은 정보에 충실하기 때문에 종목을 찾을 때 매우 큰 도움이 된다.

- 신고가 경신 종목
- 주가 상승률 순위
- 거래대금 상위 순위
- 업종별 등락률 순위

그 외에도 인터넷에는 종목을 선택할 때 참고가 되는 사이트가 많이 있다. 우선 어떤 사이트가 있는지 검색해 보고, 마음에 드는 사이트를 찾자.

증권사의 차트 툴을 이용해서 찾기

종목 선택에 도움이 되는 차트 툴은 꽤 많이 있다.

거래량이 급증한 종목을 검색할 수 있거나, 테크니컬 지표로 종목을 찾을 수 있는 차트 툴을 준비한 곳들도 있다.

예를 들어,

- RSI 30 이하

라는 조건으로 검색하고, 조건에 맞는 종목을 표시해 주는 스크리닝 기능 등도 있다.

또 차트 툴의 좋은 점은 궁금한 종목을 관심 목록에 등록해 둘 수 있다는 점이다.

매번 검색하지 않아도 거래 예정인 종목 등을 관심 목록에 등록해 두면 주가 상황을 확인하기 쉽다.

거래에 이용할 증권사를 고를 때는 이용하고 싶은 주문 방법의 유무와 수수료를 보고 고르는 것이 일반적이다. 차트 툴은 사용하기 쉬운 것들을 비교해 보고 고르자.

거래에 이용하는 증권사와 차트 툴을 이용하는 증권사가 서로 달라도 괜찮다.

■ 투자 판단에 활용할 정보의 기준

인터넷과 잡지 등 주식에 관한 정보는 매일 쏟아져 나온다.

유용한 정보, 수상한 정보, 누군가가 작위적으로 흘린 정보 등이 넘쳐나는 탓에, 결국 어느 정보를 활용해야 할지 모르고 정보의 바다에서 허우적대는 투자자들도 적지 않다.

거래에 이용하는 정보의 원천이 매번 다르면 수익이 불안정해진다.

거래할 때는 자신이 정말로 잘 활용할 수 있고, 또한 활용 가치가 높은 정보만 취사선택할 필요가 있다.

어떤 정보를 활용할지 고민이 될 때는 다음과 같은 두 가지 점을 기억하자.

① 누군가가 작성한 정보인가, 자연스럽게 산출된 정보인가
② 10년 후에도 안정되게 활용할 수 있는 정보인가

예를 들어 저명한 증권 애널리스트의 의견을 참고해 투자할 경우, 그 애널리스트의 생각과 감정에 좌우된다.

특히 스윙트레이드의 경우 누군가가 작성한 정보는 그 정보를 입수한 시점에서 이미 늦을 수 있다.

이미 자신이 주식을 산 후에 '지금 이 주식을 사야 한다'라는 정보를 흘리는 못된 사람들도 있을 정도다. 투자는 자기책임이므로 다른 누군가의 정보에 자신의 투자 성과가 좌우되는 상황은 피해야 한다.

또 10년 후에도 안정되게 계속 활용할 수 있는 정보라면 안심하고 이용할 수 있다.

예를 들어 이 책에서 공부한 차트와 지표 등에 대한 정보는 10년 후에도 20년 후에도 계속 활용할 수 있다.

결산 전의 거래는 가능한 한 피하자

■ 결산 발표 전후로 상황이 완전히 달라지기도

한 종목의 결산 발표는 1년에 네 번 있다.

제1사반기, 반기, 제3사반기, 본결산, 이렇게 네 번이다. 결산 발표는 그 후의 주가에 큰 영향을 줄 가능성이 있으며, 경우에 따라서는 결산 발표 전후로 상황이 완전히 달라지기도 하므로 주의하자.

 실적이 좋다는 발표가 있었습니다. 주가는 어떻게 될까요?

당연히 오르는 거 아닌가요?

음~, 모르겠어요.

 사실 마리코 씨의 말이 정답입니다. 단기적으로 보면 실적이 좋다고 해서 주가가 오르지는 않아요. 오히려 좋은 내용의 결산을 발표한 후 주가가 폭락하는 일마저 있지요.

어!? 그런가요?

■ 결산 후의 주가 동향을 예측하기는 매우 어렵다

결산이 어떻게 될지 예측하는 일은 어렵고, 그 후의 주가 동향을 예측하는 일은 그보다도 더 어렵다.

결산 발표 내용이 좋아도 '이 결산보다 더 좋은 뉴스는 앞으로 없겠지'라고 여겨져 주가가 크게 하락하기도 한다. 이것을 재료 소멸이라고 한다.

스윙트레이드에서 결산 후의 주가 동향을 예측하기는 매우 어려우므로, 가능한 한 결산에 말려들지 않도록 해야 한다.

결산 발표에 말려들지 않기 위해서는 어떻게 해야 하나요?

결산 발표 일정은 미리 예정되어 있습니다.
주식을 살지 말지 검토할 때 결산 발표 예정도 함께 알아보세요.

7일째

주식으로 실패하지
않기 위해……

■ 결산 예정을 미리 알아본다

결산 발표 예정을 알아보았을 때, 몇 주 이내로 결산 발표가 예정되어 있다면 그 주식을 보유한 상태에서 결산을 맞이할 가능성이 있다.

예를 들어 3월 결산 종목의 대략적인 연간 일정은 다음과 같다. (한국은 12월 결산) 2월에 결산하는 기업 등도 있으며, 결산 발표일은 기업마다 다르므로 반드시 미리 알아본 후 투자하자.

- 4월 후반~5월 중순(본 결산)
- 7월 후반~8월 중순(제1사반기 결산)
- 10월 후반~11월 중순(제2사반기 결산)
- 1월 후반~2월 중순(제3사반기 결산)

❖POINT❖

결산 발표 전후로 주가가 크게 요동치는 경우가 있다.

차트 분석이 의미가 없는 상황도 많으므로, 결산 직전의 거래에는 주의가 필요하다. 결산 발표 일정은 미리 예정되어 있으니 거래 전에 확인하자.

7-06 일정 기간 동안의 손실과 거래 횟수를 제한하자

■ 일정 기간 동안의 최대 손실과 거래 횟수에 대한 규칙 세우기

일정 기간 동안의 최대 손실에 대한 규칙을 세우자. 가령 한 달 동안의 최대 손실을 얼마까지 허용할지, 한 달에 최대 몇 번 거래할 예정인지 정하는 것이다. 이러한 사항을 맨 먼저 결정해 둔다.

손실 금액을 정한다

'한 달에 최대 100만 원의 손실까지 허용한다'와 같은 규칙이다. 월초라도 손실금액의 합계가 100만 원에 달하면 이제 그 달은 거래 금지다. 이렇게 하면 단기간에 자산을 지나치게 많이 잃을 위험을 피할 수 있다.

거래 횟수의 제한

일정 기간의 거래 횟수도 제한하기를 권한다.

주식 거래는 재미있기 때문에 원하는 만큼 거래를 하다 보면 자연스럽게 거래 횟수가 늘고, 어느샌가 돈을 버는 일이 아니라 거래하는 일 자체를 목적으로 삼게 되고 만다. 일정 기간 동안의 거래 횟수를 제한해 두면 불필요한 거래가 줄고 매번 신중하게 거래하게 된다. 결과적으로 성공률이 높아질 것을 기대할 수 있다.

저는 잘 들뜨는 성격이라 이런 규칙을 정하면 좋을 것 같아요.

오카와 씨는 자각이 있어서 다행이지만, 자각이 없는 채로 불필요한 거래를 하는 사람들도 있어요. 스윙트레이드에서는 자기 자신을 다스리는 일도 중요합니다. 일정 기간 동안의 손실과 거래 횟수를 제한하는 일은 거기에 도움이 되지요.

최근 시장이 과열되었는지 확인!
'등락률'을 살펴보자

■ 시장의 과열 여부를 확인한다

등락률을 간단하게 설명하면 시장이 얼마나 과열되었는지 나타내는 지표이며 다음과 같은 계산식으로 구한다.

- 등락률=일정 기간 동안 주가가 상승한 종목 수÷일정 기간 동안 주가가 하락한 종목 수×100%

등락률은 일정 기간 동안 주가가 상승한 종목 수와 주가가 하락한 종목 수의 관계를 통해 시장의 매수 과열 또는 매도 과열을 확인하는 지표다.

참고로 이 일정 기간은 흔히 25일로 설정하며, 도쿄증시 1부의 모든 종목으로 산출하는 등락률을 일반적으로 이용한다. 등락률의 판단 기준은 대략 다음과 같다.

등락률의 판단 기준

등락률의 수치	판단 기준
120% 이상	천장권(매수 과열)
70~120% 정도	대체로 중립
70% 이하	저가권(매도 과열)

매수 과열, 매도 과열을 판단하니까 오실레이터 계열 테크니컬 지표겠네요.

그렇게 생각해도 좋습니다. 다만 투자를 판단하는 데에 활용하기는 조금 어려워요. 어디까지나 참고 지표 정도로 생각하는 것이 좋습니다.

❖POINT❖

등락률은 도쿄증시 1부에서 주가가 상승한 종목 수와 주가가 하락한 종목 수의 관계를 통해 시장의 과열을 가늠하는 테크니컬 지표다. 주요 지표로 사용하기보다는 보조적으로 사용하기를 권한다.

사면 살수록 불어나는 손실!? '물타기'는 어렵다

선생님, 인터넷에서 본 말인데, 물타기가 뭔가요?

열심히 공부하시는군요.
물타기란 주가가 하락했을 때 그 종목을 더 많이 사들여서 주식의 평균 매입 단가를 낮추는 방법입니다.

가령 오카와 씨가 10,000원짜리 주식을 100주 샀다고 하지요. 주가가 8,000원으로 내려갔을 때 100주를 더 사면 어떻게 될까요?
9,000원에 200주를 산 것이 됩니다.

정말이네요. 그러면 손절하지 않고 물타기를 하면 되는 것 아닌가요?

물타기를 해도 그대로 계속 하락하면 어떻게 될까요?

……큰일 나겠죠.

■ 스윙트레이드에는 어울리지 않는 사고방식

물타기는 평균 매입 단가를 낮추는 효과가 있지만, 스윙트레이드에 적절한 사고방식이라고 할 수는 없다.

그보다는 종목을 중시하는 장기투자에 더 어울리는 사고방식이다. 스윙트레이드에서는 타이밍을 중시한다.

■ 주식과 결혼하지 말라

주식 격언 중 '주식과 결혼하지 말라'라는 말이 있다.

한 종목에 너무 애정을 가지면 경우에 따라서는 그 종목과 함께 망하는 결과를 맞이할 수 있다.

어폐가 있는 말인지도 모르지만, 스윙트레이드에서 주가가 오르지 않는 주식은 나쁜 주식이므로 얼른 놓아주고 다른 주식에 승부를 거는 것이 좋다고 생각하자.

7일째
주식으로 실패하지
않기 위해……

다양한 주식 격언이 있어서 재미있네요.

그렇지요. 스윙트레이드의 사고방식과 잘 맞는 주식 격언에는 그 외에도 이런 것들이 있습니다.

· 쉬는 것도 투자다
· 남들이 가지 않는 뒷길에 꽃동산이 있다
· 주식시장은 내일도 열린다
· 끝이라고 생각하면 아직, 아직이라고 생각하면 끝

각 격언의 의미를 생각해 보세요. 분명히 도움이 될 겁니다.

❖POINT❖

매수한 주식의 주가가 하락했을 때 그 저렴한 주가에서 주식을 더 사들이는 일을 물타기라고 한다.

물타기는 평균 매입 단가를 낮추는 데에는 효과적이지만 스윙트레이드에서는 그다지 추천하지 않는다.

하락한 종목이 반등하기를 기다리기보다, 놓아주고 다른 좋은 종목을 찾는 것이 좋다. 한 종목에 붙잡혀 있으면 투자에 성공하기 어렵다.

주식시장의 '숲'과 '나무', 개인투자자의 이점

7-09

■ '숲'을 보고 '나무'를 보기

차트 분석을 익히고 나면 주로 두 단계로 접근해 투자를 판단하게 된다.

바로 숲을 보고 나무를 보는 접근법이다. 여기서 말하는 '숲'은 주식시장 전체의 상황이다. 시장 전체가 다음 중 어떤 상태인지 확인하는 것이다.

- 상승 중
- 교착 상태(위아래 중 어느 쪽으로도 그다지 움직이지 않는 상태)
- 하락 중

숲(주식시장 전체)의 상황을 확인했다면 이번에는 나무(개별 종목)를 본다. 전체 상황을 확인하지 않은 채 '나무'만 보고 투자를 판단하면 수익을 올리기 어렵다. 스윙트레이드를 하는 경우에는 숲과 나무를 보는 데에 모두 차트 분석 접근법이 필요하다.

그럴군요. 아무래도 거래할 종목에 대해서만 생각하게 될 것 같아요.

그 마음은 잘 압니다. 하지만 주식시장 전체가 비관적인 상황에서는 주가가 좀처럼 상승하지 않죠.

시장 전체와 개별 종목을 모두 생각하는 일이 중요하군요.

맞습니다. '이 시장 상황이라면 이 패턴'하는 식으로 자신만의 필승 패턴을 익히는 것이 이상적입니다.

주식시장에서는 프로에서 초보자까지 다양한 투자자들이 거래를 반복한다.

그 속에서 승리하기 위해서는 자신 나름의 필승 패턴을 익힐 필요가 있다. 그렇게 될 때까지 제대로 공부하고 나서 거래에 임하자.

❖POINT❖

스윙트레이드에서는 차트 분석의 접근법이 기본인데, 이것은 개별 종목에 한정된 이야기가 아니다.

시장 전체의 상황을 파악하고 나서 개별 종목에 거래에 나서는, '숲'을 보고 '나무'를 보는 일이 중요하다.

자신 나름의 필승 패턴을 익히면 스윙트레이드의 성공이 현실로 다가오게 된다.

■ 개인투자자의 이점

주식시장에는 프로도 있고 초보자도 있다. 프로 투자자는 뉴스도 실시간으로 접하고 정보를 수집하는 툴도 최신식이다. 이렇게 보면 프로가 압도적으로 유리하다고 생각할 수 있다.

개인투자자에게는 있고 프로에게는 없는 이점이 뭘까요?

어, 생각나는 게 없는데요.

제약이 없다는 점일까요? 예를 들면 프로는 규칙이 엄격하다든가……

좋은 지적입니다.
확실히 프로는 투자 금액도 크기 때문에 투자할 수 있는 종목의 선택지가 좁지요.

게다가 개인투자자는 거래하고 싶을 때에만 거래하면 된다는 것이 최대 이점이라고 생각합니다.

자유롭게 거래할 수 있는 개인투자자

개인투자자만의 이점을 생각해 보자.

가장 큰 이점으로 생각할 수 있는 것은 역시 거래하고 싶을 때에만 거래하면 된다는 심리적인 여유다.

예를 들어 프로는 벌어야 할 금액의 목표와 기한이 정해져 있으므로 목표 금액을 충족하지 못하면 거래를 더 많이 해야 하며, 스트레스를 받으면서 거래해야 한다. 시장 상황이 좋지 않을 때에도 돈을 벌어야 하므로 괴롭다.

반면 개인투자자는 반드시 스윙트레이드로 돈을 벌어야만 하는 상황은 아니다.

'좋아, 이 타이밍이라면 성공할 거야!'라는 자신 있는 타이밍에만 투자하면, 다시 말해 이길 수 있는 싸움만 하면 되는 것이다.

이길 수 있는 싸움만 하면 되는군요. 조금 치사하지만 그렇게 생각하니 마음이 편해져요.

 개인투자자 중에 반드시 주식 거래로만 돈을 벌어야 한다고 마음먹은 사람은 없을 것입니다. 거래는 자신이 있을 때만 합시다.

❖POINT❖

개인투자자는 주식투자로 돈을 벌어야만 하는 상황은 아니다. 무리해서 거래할 필요가 없다. 성공할 자신이 있을 때만 거래해서 수익을 노리자.

7-10 현금 포지션을 기본으로 포지션병을 피한다

■ 기본은 현금 포지션!

스윙트레이드를 할 때 잊어서는 안 되는 사고방식이 있다.

● 기본은 현금 포지션

실제로 투자하는 단계가 되면 아무래도 주식을 보유한 상태가 기본이라고 느끼는 사람이 많다.

한 종목을 청산하고 나면 다음 종목을 찾거나, 더 심한 경우에는 주식을 산 직후부터 다음 종목을 찾아 나서서 '이 종목이 더 좋네' 하고 종목을 갈아타는 사람들도 있다.

주식투자는 확실히 재미있고 자극적이다. 특히 단기간에 주가가 크게 상승하면 그 재미에 중독되는 경우도 있을 것이다.

그러나 어디까지나 자산을 늘리기 위해 투자한다는 사실을 잊어서는 안 된다. 기본은 주식을 보유한 상태가 아니라 현금 포지션이다.

주식을 사고 싶어서 안절부절못하거나, 실제로 주식을 사고 마는 일을 흔히 포지션병이라고 합니다.

■ 포지션병은 무섭다

포지션병에 걸리면 돈을 벌기 어렵다. 그뿐만 아니라 원래 써서는 안 되는 돈까지 주식투자에 들이붓고 말았다는 딱한 사연들도 있다.

그건 무섭네요.

시작 자금 외의 금액은 절대 입금하지 않는다고 결정한 다음 투자하는 일이 중요합니다. 또 포지션병에는 물리적 해결책을 권합니다.

■ 포지션병의 물리적 해결책

가령 증권 계좌에 돈을 두지 않고, 주문을 결정한 단계에서 비로소 은행 계좌에서 증권 계좌로 돈을 이체해 주식을 구입하는 단계를 끼워 넣으면 어떨까?

주문에 필요한 작업을 늘림으로써 마음을 가라앉히고 다시 생각해 보게 될 수도 있다.

또 스마트폰에 주문 앱을 설치하지 않고 컴퓨터로 주문하는 등, 주문을 쉽게 할 수 없는 환경을 만들면 불필요하게 주식을 살 가능성을 줄일 수 있을 것이다.

일부러 간편함을 없애고 수고를 들이는 거군요.

귀찮겠다~

 물리적 해결책을 실시하면 번거로워지지요.
그런데 거기에 의미가 있는 겁니다. 사야 할 때가 아닌데 자기도 모르게 주식을 사는 포지션병은 그렇게까지 해서라도 피할 필요가 있습니다.

❖POINT❖

주식투자는 재미있어서 주식을 보유하고 있지 않으면 자극이 그리워지게 된다.
그러나 주식을 사야 할 때가 아닌데 사면 돈을 벌 수 없다.
포지션병을 피하기 위해서는 물리적 해결책을 실시하자.

7-11 투자 전이야말로 냉철한 판단이 이루어진다

■ 투자 전에 세운 계획이 옳다

투자 전에 많은 사람들이 다음과 같은 계획을 세운다.

- ○○○원이 되면 손절한다
- XXX원이 되면 수익을 확정한다

그러나 주가 동향을 보다가 '장세가 좋지 않아 보이니까 조금 일찍 수익을 확정하자' '이번에는 크게 손절하자' 등 마음대로 계획을 바꾸는 경우가 있다. 이렇게 해서는 안 된다.

거의 모든 경우 주식을 보유하고 있지 않을 때 객관적이고 정확하게 판단할 수 있다. 주식을 보유하고 있을 때의 판단은 아무래도 정신적으로 위안이 되는 쪽으로 쏠리기 쉽기 때문이다.

투자 전의 계획대로 거래해야 합니다. 예외가 있다면 새로운 뉴스가 생겼을 때겠지요.

■ 예외가 있다면 새로운 뉴스가 생겼을 때

가령 갑자기 좋은 뉴스가 등장했다면 수익 확정의 기준을 높이는 일을 검토해도 좋고, 좋지 않은 뉴스 때문에 주가가 하락하기 시작했을 때는 그 시점에서 매각하는 것도 한 방법이다.

❖POINT❖

주식을 보유하고 있으면 처음에 세운 계획과는 다르게 거래하고 싶어진다. 그러나 사실 매수 전의 판단이 옳은 경우가 많고, 주식을 보유했을 때의 판단은 손실을 키우고 수익을 줄이는 경우가 많다.

보유한 종목에 예상치 못한 뉴스가 생긴 경우 등을 제외하면, 매수 전의 계획대로 거래하도록 명심하자.

7일째

주식으로 실패하지 않기 위해......

7-12 좋은 시작을 위한 자금 계획의 비결

 드디어 투자 단계가 되었네요. 오카와 씨는 어떤 기분인가요?

당연히 대박을 내고 싶은 기분이죠!

■ 대박에 대한 열망은 버리자

차트 분석을 공부해서 성공할 자신이 생겼다면, 이제 실제로 투자를 할 때가 왔다.

지금까지 공부한 성과를 발휘할 때이므로 분명 '한 방에 크게 벌어야지'라는 마음이 가득할 것이다.

이 '대박'을 바라는 감정은 공부 단계에서는 좋지만 실제 거래하는 단계에서는 부적절하다. 감정에 휘둘려 거래할 위험이 있기 때문이다.

■ 구체적인 자금 계획을 세우자

좋은 시작을 위해 필요한 것은 강렬한 감정이 아니라 구체적인 자금 계획이다. 특히 스윙트레이드는 시작을 잘하면 성공하기 매우 쉬워진다. 성공을 향해 착실히 나아가기 위한 자금 전략을 공부해 두자.

 자금 계획을 간단히 생각해 두면 최고로 좋은 시작을 할 수 있지요.

자금 계획! 꼭 가르쳐 주세요.

■ 마틴게일 전략의 기본적인 사고방식

룰렛은 붉은색과 검은색 중 한쪽에 거는 도박이다. 룰렛과 마찬가지로 성공하면 돈이 두 배가 되는 게임의 필승법으로 '마틴게일 전략'이 있다.

실패하면 두 배의 금액을 다시 건다

마틴게일 전략에서는 처음에 칩 한 개를 걸고, 성공하면 다음 판에도 칩을 한 개 건다. 실패하면 다음 판에는 칩을 두 개 건다. 또 실패하면 그다음 판에는 칩을 네 개 건다. 이렇게 실패할 때마다 칩을 두 배로 늘려서 건다. 아래의 표를 보자.

연패 횟수	지금까지의 손실	거는 돈	성공했을 때의 보상
1	1	1	2
2	3	2	4
3	7	4	8
4	15	8	16
5	31	16	32
6	63	32	64
7	127	64	128
8	255	128	256

몇 번 연속으로 실패해도 어딘가에서 성공하면 그때까지 잃은 칩을 단번에 되찾을 수 있다. 이것이 마틴게일 전략의 기본적인 사고방식이다.

이거 들어본 적 있어요. 그래도 실제로는 그렇게 잘 안 풀리지 않나요?

물론 실제 룰렛에서는 걸 수 있는 칩의 개수에 상한선이 있기도 하고, 애초에 가진 돈에도 한계가 있기 때문에 반드시 잘되지는 않습니다. 그래도 사고방식 자체는 아주 좋은 참고가 되지요.

7일째
주식으로 실패하지 않기 위해……

주식투자에서는 투자 금액을 스스로 결정할 수 있지만, 손해를 볼 때마다 투자 금액을 줄여나가야만 하는 상황은 피하는 것이 중요합니다.

■1,000만 원 중 300만 원을 써서 '수익 저금'을 만들자

스윙트레이드에서 처음부터 갑자기 전력을 다해 투자하면 어떻게 될지 생각해 보자.

가령 1,000만 원을 준비했는데, 한 번에 그 1,000만 원을 다 투자해서 10% 손해를 봤다고 하자. 이 경우 다음 거래에서는 나머지 900만 원을 투자해서 100만 원의 손해를 메워야 한다.

900만 원으로 100만 원을 벌기 위해서는 11.11%의 수익이 필요하다.

이 계산에서 알 수 있듯 처음부터 자금 전액을 가지고 거래하면 실패할 때마다 만회하기 더 어려워지므로 점점 불리해지고 만다.

마틴게일 전략처럼 실패할 때마다 투자 금액을 늘릴 수 있다면 만회하기 쉬울 것이다. 최소한 실패해도 똑같은 자금으로 계속 투자할 수 있는 상태가 이상적이다.

예를 들어 1,000만 원을 준비한 경우, 처음에는 300만 원을 투자해서 '수익 저금'을 만들어 보자.

300만 원의 자금을 운용해 수익을 축적하고, 증권 계좌 잔액이 1,000만 원에서 1,100만 원이 되면 400만 원, 500만 원으로 투자 금액을 늘려나가면 된다.

여기서 '수익 저금'이라는 말을 기억하기를 바랍니다.
처음에 수익을 저금하고 그 후에는 손실을 수익 저금의 범위 내에 있는 금액으로 제한하며 거래해 나간다고 생각합시다.

확실히 수익 저금이 있으면, 손실을 입어도 전체적으로는 여전히 수익이 남는다는 편한 마음으로 거래할 수 있겠네요!

그렇습니다. 스윙트레이드에서는 심리적 여유가 승패에 영향을 미칩니다. **성공하는 사람은 계속 성공하기 쉽고, 실패하는 사람은 계속 실패하기 쉬워지는** 것이지요.

좋아, 반드시 성공하겠어요!

저런, 감정이 너무 앞서면 거래에 방해가 됩니다.

7일째

주식으로 실패하지
않기 위해……

❖POINT❖

자금 전략은 맨 처음에 생각해 두자.

처음부터 자금 전액을 투자하지 말고, 우선 자금의 일부를 투자해서 '수익 저금'을 만들자.

수익 저금이 형성되면 투자 금액을 조금씩 늘려나간다.

스윙트레이드에서 시작을 잘하면 앞길이 순탄해진다. 처음부터 큰 수익을 노릴 것이 아니라 차근차근 성실하게 시작하는 것이 좋은 시작의 비결이다.

두 분 다 수고하셨습니다. 이것으로 7일간의 차트 분석 수업을 마칩니다.
어떠셨나요?

처음에는 주식 차트란 선과 숫자가 어지럽게 난무한다는 이미지였는데, 지금은 '이런 거였구나!' 하고 뜻을 이해하게 돼서 아주 재미있어요.

차트 분석을 통해 '주식이란 뭘까' 하는 근본적인 문제를 이해하게 됐어요!

아주 믿음직하네요.
이 책을 통해 두 분은 차트 분석의 기초 지식을 쌓으셨습니다.
다만 머릿속으로 알고 있는 것과 실전에서 활용하는 것은 또 다른 문제이기도 하지요.
꼭 실전에서 실제 차트의 움직임을 접해 보세요. 두 분이라면 잘하실 겁니다.

네. 선생님, 고맙습니다!

부록

계좌개설 & 세금

• 한국의 경우 필요서류를 갖추어 영업점을 방문하면 당일에 계좌개설이 가능하다. 또 코로나-19 사태 이후, 대부분의 증권사에서는 비대면 계좌개설을 할 수 있게 되었다. 스마트폰이나 PC에서 증권사 앱을 다운받은 다음 안내 절차에 따라 본인 인증을 하면 된다. 다만 미성년자의 계좌개설은 영업점을 방문해야 한다.

• 한국의 증권사에서 계좌개설을 할 때는 세금 납부 방식을 선택하는 '란'이 없다. 한국은 일률적으로 원천징수 방식으로 거래되기 때문이다. 한국에서 장내거래를 하면 매도 시 0.25%의 세금이 부과된다. 코스피의 경우 0.1%에 농어촌세 0.15%가 붙고, 코스닥은 0.25%의 세금이 부과된다.

매매 단위

한국의 경우 모든 주식은 1주부터 거래할 수 있다. 반면 일본과 중국은 최소 수량이 정해져 있는 경우가 많다.

'가격제한폭'

한국의 경우 가격제한폭을 기준가격 대비 상하 30%로 제한(코넥스 시작 15%)하고 있다. 기준 가격은 가격제한폭을 정하는데 기준이 되는 가격으로 일반적으로 전일종가를 기준가격으로 한다. 참고로 해외 시장의 가격제한 범위를 살펴보면 미국과 홍콩은 가격제한 범위가 없고 일본은 정액제(평균 22%), 중국은 정률제(10%)로 설정되어 있다.

한국의 공모주 청약

1단계 | 증권사 홈페이지에 들어가 로그인을 한다

2단계 | 뱅킹/대출/청약 - 청약 - 공모주 청약

3단계 | 종목을 선택하고 청약 정보를 입력한다

4단계 | 투자정보확인서 및 투자설명서를 확인했음에 동의하면 청약이 완료된다

이 과정은 PC의 홈트레이딩 앱 또는 모바일 앱으로도 가능하다.

※ 출처 - 미래에셋증권 웹사이트

'이동평균선'

한국의 경우 이동평균선은 일반적으로 5일선, 20일선, 60일선, 120일선으로 설정하고 본다. 이 중 실질적으로 한 달간의 추세를 나타내는 20일선은 생명선이라고 불리며 투자자가 가장 많이 참조하는 이평선이다. 60일선은 수요와 공급을 파악하기 좋다고 하여 수급선, 120일선은 기업의 반기사이클과 전반적인 경기 상황을 파악하기 좋다고 하여 경기선이라고도 불린다.

경제지표_한국에서 열람할 수 있는 곳

한국의 경우 한국은행 통계전용 홈페이지인 경제통계시스템(ECOS. http://ecos.bok.or.kr/)에 들어가면 100여 개의 주요 통계지표를 열람할 수 있다. 통계검색(증감율 계산, 그래프 보기 등)과 통계간행물 검색은 물론, 이용자가 개인적으로 자주 이용하는 통계를 따로 저장하여 상시 편리하게 검색할 수 있도록 하는 기능도 있다.

신용 융좌 기간은 일반적으로 90일

일반적으로 90일이 기한이지만 증권사에 따라 1~5개월까지 차이가 나며 연장이 가능하다. 쌓인 신용 잔고는 반드시 6개월 내에 결제해야 한다.

(※일본에서는 신용 융자를 6개월 이내에 반드시 갚아야 한다고 되어 있지만, 한국은 증권사별로 차이가 난다.)

마치며

7일간의 차트 분석 공부, 어떠셨나요? 요즘은 스마트폰이 보급되고 온라인 증권 서비스가 발달하면서 주식투자가 점점 더 친숙해지고 있습니다.

주부나 회사원도 약간 짬을 내서 주식 거래로 용돈을 버는 생활이 현실화 되고 있는 것입니다.

은행 보통예금이 초저금리인 상황도 주식투자를 시작하는 계기가 되고 있을 것입니다. 다만 '은행 예금보다 이득일 것 같으니까' '왠지 돈이 벌릴 것 같으니까'라며 깊이 생각해 보지 않고 주식투자를 시작했다가 큰돈을 잃는 사람이 많은 것도 사실입니다.

그도 그럴 것이 주식시장은 약자에서 강자로 돈이 흘러가는 구조이기 때문입니다. 공부하지 않고 대책 없이 주식시장에 뛰어들면 결과는 불 보듯 뻔합니다. 그렇기에 더욱 이 책에서는 공부를 하고 나서 투자하도록 강력하게 권하고 있습니다. 최소한의 기본 지식을 익히지 않고 돈을 투자하는 일은 도박이나 마찬가지입니다. 공부를 통해 도박을 용돈벌이로 바꿔 나갑시다.

이 책에서 배운 지식은 돈을 버는 데에 필요한 최소한의 지식이라고 할 수 있습니다. 그러나 머리로 이해하는 일과 실전에서 활용하는 일은 다른 차원의 이야기입니다. 이 책을 읽은 후 증권사의 차트 툴을 이용하는 등의 방법으로 지식을 실전에서 활용할 수 있는 기술로 바꾸기 위해 노력하기 바랍니다.

그렇게 하면 분명 즐기면서 주식투자를 할 수 있게 될 것입니다. 또 수익이라는 기쁨도 함께 따라올 것입니다.

이 책을 끝까지 읽어 주신 여러분, 고맙습니다. 여러분이 주식 거래로 수익을 올리는 데에 도움이 된다면 그만큼 기쁜 일이 또 없을 것입니다.

주식공부.com 대표 **가지타 요헤이**

220

역자 소개 이정미

연세대학교 경제학과를 졸업하였으며, 이화여자대학교 통역번역대학원에서 번역학 석사학위를 취득했다. 현재 번역 에이전시 엔터스코리아 일본어 전문 번역가로 활동하고 있다.
주요 역서로는《주식 데이트레이딩의 신 100법칙》《자산이 늘어나는 주식투자》《줄서는 미술관의 SNS 마케팅 비법》《주식투자 1년차 교과서》《나의 첫 경제 공부》《하버드 스탠퍼드 생각수업》《패권의 법칙》《가격 경제학》등의 다수가 있다.

7일 마스터 주식 차트
이해가 잘되고 재미있는 책!

1판 1쇄 발행 2022년 5월 10일
1판 2쇄 발행 2023년 2월 10일

지은이 주식공부.com 대표 가지타 요헤이
옮긴이 이정미
발행인 최봉규

발행처 지상사(청홍)
등록번호 제2017-000075호
등록일자 2002. 8. 23.
주소 서울특별시 용산구 효창원로64길 6 일진빌딩 2층
우편번호 04317
전화번호 02)3453-6111, 팩시밀리 02)3452-1440
홈페이지 www.jisangsa.co.kr
이메일 jhj-9020@hanmail.net

만화로 배우는 최강의 株주식 입문

야스츠네 오사무 / 요시무라 요시 / 오시연

이 책은 자산운용에 전혀 관심이 없었던 초보자도 곧바로 주식투자에 도전할 수 있도록 주식투자의 노하우를 가능한 한 알기 쉽게 해설했다. 주식투자로 성공하는 방법들을 소개했는데, 덧붙이고자 한다. 책상에서만 익힌 노하우로는 결코 성공할 수 없다는 점이다.

값 16,000원 신국판(153*224) 232쪽
ISBN978-89-6502-313-5 2022/04 발행

주식 데이트레이딩의 神신 100법칙

이시이 카츠토시 / 이정미

옛날 장사에 비유하면 아침에 싼 곳에서 사서 하루 안에 팔아치우는 장사다. '오버나잇' 즉 그날의 자금을 주식 시장에 남기는 일을 하지 않는다. 다음 날은 다시 그날의 기회가 가장 큰 종목을 선택해서 승부한다. 이제 개인 투자자 대다수가 실시하는 투자 스타일일 것이다.

값 16,000원 국판(148*210) 248쪽
ISBN978-89-6502-307-4 2021/10 발행

투자의 속성

오에 히데키 / 오시연

이 책은 투자의 원리원칙과 사람들이 쉽게 빠지는 착각을 짚어보려고 쓰였다. 여기서는 주식 차트를 보는 법이나 기업분석 방법을 거의 다루지 않았다. 그런 책은 서점에 가면 얼마든지 있기 때문이다. 하지만 투자의 본질을 쉽게 풀어쓴 책은 좀처럼 찾아볼 수 없다.

값 16,000원 국판(148*210) 240쪽
ISBN978-89-6502-309-8 2022/1 발행

주식의 神신 100법칙

이시이 카츠토시 / 오시연

당신은 주식 투자를 해서 좋은 성과가 나고 있는가? 서점에 가보면 '주식 투자로 1억을 벌었느니 2억을 벌었느니' 하는 책이 넘쳐나는데, 실상은 어떨까? 실력보다는 운이 좋아서 성공했으리라고 생각되는 책도 꽤 많다. 골프 경기에서 홀인원을 하고 주식 투자로 대박을 낸다.

값 15,500원 국판(148*210) 232쪽
ISBN978-89-6502-293-0 2020/9 발행

세력주의 神신 100법칙

이시이 카츠토시 / 전종훈

이 책을 읽는 사람이라면 아마도 '1년에 20%, 30%의 수익'이 목표는 아닐 것이다. '짧은 기간에 자금을 10배로 불리고, 그걸 또 10배로 만든다.' 이런 '계획'을 가지고 투자에 임하고 있을 것이다. 큰 이익을 얻으려면 '소형주'가 안성맞춤이다. 우량 종목은 실적이 좋으면 주가 상승을…

값 16,000원 국판(148*210) 240쪽
ISBN978-89-6502-305-0 2021/9 발행

자산이 늘어나는 주식투자

나가타 준지 / 이정미

투자 공부는 어려워서 무엇부터 배워야 할지 모르겠다며 뒷걸음치는 사람들이 있다. 확실히 투자는 학교에서 가르쳐 주지도 않고, 전문용어도 많아서 기억하는 것만 해도 큰일이다. 하지만 주식투자만으로 생활비를 버는 프로들은 투자에서 승리하기 위해 매일 연구한다.

값 15,000원 국판(148*210) 208쪽
ISBN978-89-6502-308-1 2022/1 발행

주식투자 1년차 교과서

다카하시 요시유키 / 이정미

오랫동안 투자를 해온 사람 중에는 지식이 풍부한 사람들이 있다. 그러나 아쉽게도 지식이 풍부한 것과 투자에 성공하는 것은 서로 다른 이야기다. 투자에서는 '잘 안다'와 '잘 한다' 사이에 높은 벽이 있다. 이 책에서는 '잘할' 수 있도록, 풍부한 사례를 소개하는 등 노력하고 있다.

값 15,800원 국판(148*210) 224쪽
ISBN978-89-6502-303-6 2021/5 발행

월급쟁이 초보 주식투자 1일 3분

하야시 료 / 고바야시 마사히로 / 노경아

무엇이든 시작하지 않으면 현실을 바꿀 수 없다는 것을 깨닫고 회사 업무를 충실히 수행하면서 주식을 공부해야겠다고 결심했다. 물론 주식에 대한 지식도 경험도 전혀 없어 밑바닥에서부터 시작해야 했지만, 주식 강의를 듣고 성과를 내는 학생들도 많았으므로 좋은 자극을 받았다.

값 12,700원 사륙판(128*188) 176쪽
ISBN978-89-6502-302-9 2021/4 발행

텐배거 입문

니시노 다다스 / 오시연

틈새시장에서 점유율 1위인 기업, 앞으로 높이 평가받을 만한 신흥기업을 찾아내 투자하는 것이 특기였다. 그 결과 여러 번 '안타'를 칠 수 있었다. 10배 이상의 수익을 거두는 이른바 '텐배거' 종목, 즉 '만루 홈런'은 1년에 한 번 있을까 말까다. 하지만 두세 배의 수익을 내는 주식…

값 16,000원 국판(148*210) 256쪽
ISBN978-89-6502-306-7 2021/10 발행